U0944730

教育管理系列丛书

# 教育教学管理经验

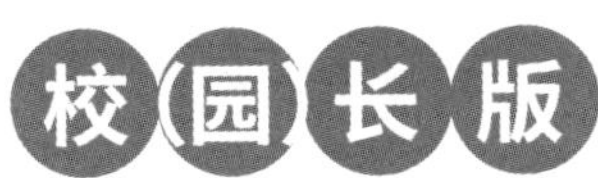


## 北京师范大学天津市滨海新区“第二期三名工程”课题集

主　编◎北京师范大学 EDP 中心

中国财富出版社有限公司

**图书在版编目（CIP）数据**

教育教学管理经验：北京师范大学天津市滨海新区“第二期三名工程”课题集．校（园）长版／北京师范大学EDP中心主编．—北京：中国财富出版社有限公司，2020.10

（教育管理系列丛书）

ISBN 978－7－5047－7262－6

Ⅰ．①教…　Ⅱ．①北…　Ⅲ．①中小学－校长－教育管理－经验－滨海新区－文集　②中小学－校长－教学管理－经验－滨海新区－文集　Ⅳ．①G637.1－53

中国版本图书馆CIP数据核字（2020）第196188号

**策划编辑**　吴婉素　　**责任编辑**　张冬梅　李　如

**责任印制**　尚立业　　**责任校对**　卓闪闪　　**责任发行**　白　昕

| | | | |
|---|---|---|---|
| **出版发行** | 中国财富出版社有限公司 | | |
| **社　　址** | 北京市丰台区南四环西路188号5区20楼 | **邮政编码** | 100070 |
| **电　　话** | 010－52227588转2098（发行部） | | 010－52227588转321（总编室） |
| | 010－52227588转100（读者服务部） | | 010－52227588转305（质检部） |
| **网　　址** | http：//www.cfpress.com.cn | **排　　版** | 宝蕾元 |
| **经　　销** | 新华书店 | **印　　刷** | 天津市仁浩印刷有限公司 |
| **书　　号** | ISBN 978－7－5047－7262－6/G·0740 | | |
| **开　　本** | 710mm×1000mm　1/16 | **版　　次** | 2021年2月第1版 |
| **印　　张** | 13.5 | **印　　次** | 2021年2月第1次印刷 |
| **字　　数** | 200千字 | **定　　价** | 49.80元 |

# 本书编委会

# 序

“教育兴则国家兴，教育强则国家强。”习近平总书记强调，建设教育强国是中华民族伟大复兴的基础工程，必须把教育事业放在优先位置，全面贯彻党的教育方针，深化教育改革，推进教育公平，培养德智体美劳全面发展的社会主义建设者和接班人。面对建设教育强国的时代要求，提高教育质量已成为基础教育最根本、最集中、最迫切、最普遍的战略性和时代性任务。

教师是立教之基、兴教之本、强教之源，是教育的第一要素。强师资才能强教育，没有高素质的教师队伍，就没有高水平的教育质量。2010 年，滨海新区政府正式成立。2010 年年底，滨海新区政府就出台了“三名工程”实施意见，明确以拓展国际视野、提高教育创新和科研能力为重点，努力构建适宜教师专业发展和教育家成长的培养制度和体系。坚持创新培训理念、丰富培训载体、拓宽培训渠道、务求培训实效，努力打造培训精品工程。“三名工程”计划用 3 到 5 年时间，培养一支高水平的校长和骨干教师队伍，造就一批在全市乃至全国有一定影响力的专家型校长和研究型教师，从而带动全区教师共同发展，提高滨海新区教育知名度和影响力。

2017 年 7 月，天津市滨海新区“第二期三名工程”开启，工程委托北京师范大学为滨海新区教师队伍专业发展提供专业资源和智力支持，坚持“量身设计，注重实效”的原则，采取模块组合的培养方式，培养对象带着问题出发，跟随专家跟进式指导建议，在理念更新、教育科研、课程建设、专业评价等方面都有着系统而有针对性的设计，实用而有生长力的课程配置，帮助学员“跳出教育看教育”，实现理念更新的同时对自身的学校管理和教育教学实践有更深入的思考，有更具开创性的工作思路。两年多来，北京师范大学与天津市滨海新区教育体育局共同努力，精心选择培训主题，细心优化培训课程，通过“基于系统领导力提升的专题理论研修”“基于跨学科学习的STEAM* 工作坊培训”“基于新国学的教师人文素养提升”“基于核心素养导向的课题研究”等具体课程内容，以集中研修、赴江浙沪跟岗学习、专家入校实地指导、学科组区域联片教研、名师工作室建设等具体的培训形式助力学员搭建理论与实践的桥梁，开展学习内容转化的实践，在迈向名师名校长的路上前进了一大步。因此，本书编委会以培训学员们的课题研究成果为主线索，将两年多培训的收获进行梳理，以“从问题到建议——聚焦实践问题的行动研究”为主题，增强问题研究的意识，提升分析解决问题的能力，完成了高质量的研究报告。这是对培训成果的一次总结，更是一次检阅，证明我们的项目设计立意深远，站位全局，系统实用，达到了良好的效果，滨海新区“强师提质”教育梦正由蓝图逐步变为现实。

项目合作中，北京师范大学项目专家团队坚持问题导向，精准对接培训需求，按方“抓药”、照单“下厨”，悉心指导、引领前行，为滨海新区教育的改革发展指引了方向，为提升基础教育的质量和水平奉献了智慧和力量，为教师队伍播下了希望的种子。

心若在，梦就在；坚持若在，希望就在。教育事业崇高而伟大，教师职业神圣而光荣。希望全区广大教师和教育工作者牢记使命、不负重托，改革创新、深耕细作，为全区莘莘学子放飞梦想开启希望之门。

愿滨海新区教育事业的明天更美好！

天津市滨海新区教育体育局

2020 年 11 月

* 科学、技术、工程、艺术、数学。

# 前　言

2010年，《国家中长期教育改革和发展规划纲要（2010—2020年）》发布。文件指出到2020年，全面提高普及教育水平，全面提升教育质量，基本实现区域内均衡发展，确保适龄儿童、少年接受良好义务教育。文件中还提到，要“完善培养培训体系，做好培养培训规划，优化队伍结构，提高教师专业水平和教学能力。通过研修培训、学术交流、项目资助等方式，培养教育教学骨干、‘双师型’教师、学术带头人和校长，造就一批教学名师和学科领军人才”。2011年，天津市教育委员会也提出了“启动基础教育骨干教师和校长系列培训计划，着力提高校长现代管理水平和教师专业化水平。加强区县教师培训基地建设，完善校本教研制度”。区位和国家战略定位优势，使滨海新区具有明显的资源聚集效应，吸引包括教育资源在内的经济、社会资源不断注入滨海新区。“十三五”期间，滨海新区教育资源建设步入快车道，一大批具有现代气息、国际水准的学校投入使用，一批名校长、名师成长起来。滨海新区以“三名工程”为抓手，构建起了适合教师专业发展和教育家成长的培养制度和体系。滨海新区教育发展进入快车道，在实现高质量发展的路上不断提速。

2016年6月，天津市滨海新区教育体育局与北京师范大学合作，推动实施“三名工程”。通过实施“三名工程”，提前布局，谋划发展，为滨海新区培养了一批优秀的学校管理干部和骨干教师。名校长和名师赴北京师范大学参加培训，实现素质提升，进而全面提高教师队伍的整体素质，充分发挥市、区优质教育资源辐射引领和示范带动作用，扩大优质教育资源总量，带动全区教育共同发展。“三名工程”的开展正是北京师范大学与滨海新区教育体育局双方在教育领域落实京津冀协同发展战略，发挥北京师范大学教育科学与教师培养的优势，推动天津市滨海新区教育领域人才培养，推动滨海新区教育优质均衡发展的重要行动。

名校长、名师作为区域教育发展工作中的重点人群，肩负着“乘深化改革之风，启滨海教育崛起之航”的神圣使命，围绕在区域实现“高端引领、任务驱动、科学评估、示范辐射”这一目标，进行为期三年的连续培养，帮助他们进一步凝聚教育思想，提升实践创新能力，形成独特教学风格和办学特色，努力培养具有较大社会影响力和较高知名度、能够引领基础教育改革发展的教育家型名校长、研究型名师，辐射带动基础教育事业发展、质量提升。

“三名工程”实施过程中，北京师范大学项目组特别注重于引领滨海新区基础教育不断发展。

一是注重学校办学内涵的提升。项目组通过校长教育治理能力的提升来推动学校办学品质升级。项目实施过程中，项目组专家团队指导学校聚焦发展之惑，让优质品牌学校从“常规发展”向“内涵优质”方向发展，聚焦学校发展改革的关键问题点，形成问题解决路径。一系列关于学校发展的核心命题，如课程建设、课堂模式建构、教师专业发展、立德树人主题班会等得到了关于新时期、新内涵的探索，向着更加具有滨海特色、津味文化的方向深入发展。

二是实现课堂教学的突破创新。项目以“课题研究”为名师快速提升的载体，围绕名师风格形成中的“障碍点”设计研究点。项目组在专家的指导下学会分析障碍，明确问题，形成路径，最后形成名师们教育教学新的“生长点”。项目组指导专家以课题研究的形式针对问题进行切片式分析，以课题研究共同体的形式推动教育教学攻坚克难工作。通过小学学段 23 个课题、中学学段 23 个课题的深入研究，名师学员群体中掀起一股研究课堂教学的热潮，形成有效的先进课堂教学经验和先进教学模式，积累一批优秀的课堂教学资源，促进全区教育教学再上新台阶。在课题研究过程中，我们坚持以教师业务学习和聚焦问题的实践为抓手，做到内容系统化、时间常态化、形式多样化，提升研训效果。

三是组建“校长发展共同体”和“教师发展共同体”。校长、教师两支队伍对提高基础教育质量至关重要，围绕提升校长与教师发展的动力与能力双系统，创新培训方式，北京师范大学项目组引入“SDGo（可持续发展行动）

项目设计工作坊”和“新国学经典工作坊”，突出新课程、新教材、新方法、新技术培训，着力提高校长治校、教师课堂教学等方面的能力，构建校长间与教师间的协同发展，以连片教研为活动形式，促进优秀经验在群体内流动，抓住办学中的实际问题，共研、共商、共议解决策略。

项目实施过程中，坚持“量身设计，注重实效”的原则，采取模块组合的培养方式，依托北京师范大学和其他北京市优质教育资源，结合学员自身实际选择培养模块，即优秀教师、优秀校（园）长工作室组建，课题研究，异地跟岗，实地指导等。双方密切合作，在4大模块都有了积极进展。

优秀教师、优秀校（园）长工作室组建。优秀教师、优秀校（园）长工作室从2019年8月开始遴选学员，分别成立小学语文、小学数学、小学英语、初中语文、初中数学、初中英语、高中语文、高中数学、高中英语共9个学科工作室，幼儿园园长、小学校长、初中校长、高中校长共4个优秀校长工作室，旨在为天津滨海新区打造名师团队，形成学科专业人才培养的成熟化运作模式，使工作室成为名师引领教师专业成长的“学习型、辐射型、合作型、研究型”的专业组织，培养一批具有现代教育理念和创新精神、体现教育特色的教育家型校长，进而为滨海新区基础教育又好又快发展提供坚实的人才保障。

课题研究。从2017年7月到2019年9月，我们以“发现真问题、探索真方法、形成真效果”为培养目标，共开展4次主题研讨活动，分别是“基于课题研究选题与开题”的主题工作坊式研修活动；“基于行动研究学习”的赴京跟岗实践活动；“基于课题研究中期推进”的入校实地指导活动；“基于课题验收与结题”的集中研修活动。通过数十位专家的指导与学员的辛苦付出，产出多项课题成果。其中幼儿园组聚焦园本课程建设、幼儿安全教育、德育工作教师、队伍建设4大研究主题，共产出5项课题成果；校长组聚焦学校特色与课程建设、课堂教学改革、学校信息化建设、校园文化建设、学校德育工作5大研究主题，共产出13项课题研究成果；教师组聚焦教学模式创新、校本课程研发、课堂观察与评估、学生学习习惯培养4大研究主题，共产出46项课题成果。

异地跟岗。为适应新时代的教育需求，秉持“理论研究、案例研讨、教学相长、实践导向”的理念，注重实效性与针对性，既要跳出教育看教育，又要从解决学校发展实际问题的角度出发，通过走进上海、广州等地名校（园）考察、实战型示范课、问题探究式交流互动等多种学习模式，进行跟岗研修学习，促使天津市滨海新区在探索中不断寻找教师、校（园）长实践性培训的有效路径，不停对照、反思自己的带教行为，从整体办学思想的角度审视个体教学管理的差异，这些活动直接促进了天津市滨海新区名师们的专业成长和带教能力的提高。这些活动为学员提供了更加真实鲜活的名校场景、优秀案例，提供了更有深度和高度的专业对话平台，提供了与更多优秀专家和名校长、名师接触的机会，提升了天津市滨海新区中小学教师、校（园）长的职业能力和管理水平，这也是教育培训工作不断追求的目标。

实地指导。通过专家走进滨海新区中小学课堂开展专题讲座、主题沙龙、工作坊等多种形式的活动，共同探讨新时期教学与教研的路径和策略，明确区域教育教学在新形势下改革的方向和着力点。专家带领学员们交流课堂教学经验，带领校长们共话管理之道、破局之道，打破思维中的桎梏。同时，实地指导活动为名师、名校长互相交流搭建了极好的平台，引发学员心灵深处的触动，产生恒久的回应。德国教育家雅斯贝尔斯在《什么是教育》中写道："教育正是借助于个人的存在，将个体带入群体之中，如果一个人与更明朗、更充实的世界合为一体的话，人就能够真正成为自己，并注入更新的生机。"从一定意义上讲，专家进校实地指导活动正是让教师进入一个更明朗、充实的环境，促使天津市滨海新区的教育有更多的生机、更新的发展。

"三名工程"实施以来，名校长与名师们的扎实探索取得了累累硕果，尤其是在项目组引领下的课题研究更是成了推动个人专业发展、能力系统提升的"最大动力"。我们特别选取了各学段校长与教师学员们课题研究的阶段性成果与大家分享。本系列丛书分为三本，内容分别为小学教师教育科研成果、中学教师教育科研成果（含初中和高中）、校（园）长教育科研成果，针对每一个教育研究问题，校长、老师们都经过精心思考、深入探究、反复实践而获得结论。教育研究的过程是蜕变的过程，是飞跃的过程，经历了各种苦恼、卖力气、不眠夜，217 位学员都获得了飞速成长。

艰难困苦，玉汝于成。学员们努力拼搏、多次奔赴北京、南下广州、前往上海，深夜磨课、小组研讨……改革的举动推动着每一位培养对象实力的提升，课题的推进推动着每一位名校长所在学校的变革，引领着每一位名师课堂的变革，一系列的努力让滨海新区“三名工程”取得实效，滨海新区基础教育发生了巨大的变化，学校品牌越发知名，教师教学越发高效，区域协同一体化发展格局不断深化。名校长、名师的成长与进步，彰显着滨海新区领导们的高瞻远瞩，滨海新区教育体育局系统的大力支持，名校长、名师们可贵的创造精神、奋斗精神和梦想精神。回望过去，我们要不断总结，把宝贵的经验记录下来，加以传承，北京师范大学项目组与滨海新区教育体育局特以书籍的形式将项目中校（园）长与教师的课题研究成果呈现出来，以供大家了解，希望各位教育同人给予更多指导。

以梦为马，不负韶华！我们未来要继续以逢山开路、遇水搭桥的智慧和韧劲，依托北京师范大学的专业力量，加快推进教育现代化，建设教育强国，办好人民满意的教育，助力中国的区域基础教育迈向更加美好的未来！

# 目　录

# 课题一　养成教育园本课程的构建与实施

## 一、课题组成员信息及分工情况

### （一）课题组成员信息（见表1－1）

表1－1　　课题组成员信息

<table>
<tr><td rowspan="2">课题主持人</td><td>姓名</td><td colspan="2">单位</td><td>性别</td><td>现任职务</td><td>出生年月</td><td>学科</td></tr>
<tr><td>杨颖娟</td><td colspan="2">天津市滨海新区塘沽燕飞幼儿园</td><td>女</td><td>书记兼园长</td><td>1979年11月</td><td>幼教全科</td></tr>
<tr><td rowspan="3">课题组主要成员</td><td>姓名</td><td>学科</td><td>年级</td><td>职务</td><td colspan="3">单位</td></tr>
<tr><td>王莹</td><td>幼教全科</td><td>学前班</td><td>教研组长</td><td colspan="3">天津市滨海新区塘沽第二幼儿园</td></tr>
<tr><td>郝思娜</td><td>幼教全科</td><td>学前班</td><td>教研组长</td><td colspan="3">天津市滨海新区泰达第二幼儿园</td></tr>
</table>

### （二）课题组成员分工情况

杨颖娟：负责设计课题研究方案，定期组织课题组成员召开课题研究推进会议，交流研究经验和心得，同时负责撰写课题研究结题报告。

王莹、郝思娜：负责资料收集、分析、整理，协助课题主持人开展课题研究工作。

## 二、课题详细信息

### （一）课题由来

教育就是要养成良好习惯，而3～6岁正是儿童习惯养成和行为发展的关键期。如今，绝大多数幼儿为独生子女，青年人的压力增大，隔代教养比例逐年增加，很多孩子受到家长的过度宠爱，养成了一些不良习惯，如自理能力极差、不懂得谦让与分享等。许多家长重视孩子的智力开发和特长培养，却忽视了家庭教育中道德教育与行为习惯的培养。这种片面、错误的家庭教养方式，不利于幼儿身心的全面和谐发展。部分教师将养成教育理念应用于幼儿教育实际的能力还很缺乏，不能很好地将养成教育与幼儿的生活有机结合。这些都大大降低了养成教育的成效。为此，我们开展了养成教育园本课程的探索与实践研究。

开展养成教育园本课程的构建与实施的目的，一方面是以研促教，借此培养幼儿自主能力，帮助幼儿形成良好的生活习惯、学习习惯和行为习惯，使其适应未来社会、获得更好的个人发展；另一方面是希望与家长们一起树立科学的育儿理念和方法，家园合力，共同帮助幼儿养成良好的习惯。

### （二）课题界定

本研究将以主题活动为主线，同时融合区域游戏、各类特色活动等，探索出独具园所特色的养成教育园本课程，养成教育的开展与实施将更加系统化、规范化。

此处的习惯主要是指生活习惯、学习习惯和行为习惯三大方面。从幼儿园的实际情况出发，探索学龄前儿童养成教育的具体做法，从而引导幼儿养成良好的生活习惯、学习习惯和行为习惯。

### （三）研究目标

一是通过对幼儿一日生活的各环节内容进行系统、深入的研究，初步构建我园的养成教育园本课程，从而培养幼儿良好的习惯，为其终身发展奠定基础；二是提高教师的理论水平和专业素养，使教师能够较全面地理解养成教育，将养成教育理念融入教育实践，促进其专业成长；三是帮助家长转变错误的、溺爱式的家庭教养方式，树立科学、正确的育儿观。

### （四）研究内容

本课题是在我园范围内探索出开展养成教育的具体做法，并将其系统化、结构化，最终形成一套包括养成教育目标、内容、实施和评价在内的完整的园本课程体系。现将本课题的核心概念做如下界定。

养成教育是以行为训练为抓手，辅以多种教育方法，全面提升幼儿素质，从而使其养成良好习惯的教育。此处的习惯包括生活习惯、学习习惯和行为习惯三个方面的内容。因此，养成教育就是培养孩子养成良好的生活习惯、学习习惯、行为习惯的教育。

幼儿园课程是根据教育目标，为幼儿设计和组织的有益其身心健康和谐发展的课程。

园本课程是以幼儿园为基础，以本园幼儿的发展状况、现实需要、生长环境为核心，整合幼儿园、社区的各种资源而设计的课程。

（1）拟定养成教育园本课程的目标。

不仅包括养成教育园本课程的总目标，还包括具体活动目标，从宏观到具体，逐步细化，层层深入。

（2）确定养成教育园本课程内容。

分主题、分年龄段展现养成教育园本课程的具体内容。涉及的内容主要包括生活习惯、学习习惯和行为习惯的培养等。

（3）丰富养成教育园本课程的组织与实施形式。

探索如何综合利用主题活动、区域游戏以及各类特色活动开展养成教育，丰富养成教育的实施形式，增强教育效果。

（4）完善养成教育园本课程的评价体系。

研究行为评价指标，以指标的形式对幼儿进行评估，主要观察其在园的一日生活以及在家的行为表现，更好地促进幼儿良好习惯的养成。

## （五）研究情况

### 1. 学习阶段

（1）抓实理论学习，提高认识深度。

课题领导小组围绕养成教育园本课程开展了多次理论学习活动，在明确认识养成教育园本课程理念的基础上，加强对养成教育园本课程的认知，深化理论认识，明确研究重点和内容。

（2）抓实专项培训，提高研究能力。

一是利用思维导图完善主题内容。邀请思维导图专业培训讲师来园进行培训，系统了解思维导图绘制的原则、方法、技巧等，并进行实践演练指导，使教师们大大提高了逻辑思维能力、厘清了思路、丰富了主题内容。

二是专家引领，解决区域游戏指导困惑。经过专家深入浅出的案例分享、理论指导，教师们对区域游戏的介入、指导、延伸等策略有了深入了解，短时间内，教师们的区域游戏指导水平有了较大提高。

三是教师研讨集体备课。从选择什么样的课程素材、挖掘哪方面的教育价值开始讨论，逐步深入每一个环节要怎样设计、每一个问题怎样表述、如何有效回应幼儿、怎样家园配合等细节问题。通过集体备课和讨论，教师们发现问题和解决问题的能力在逐步提高，思考和认识也在逐步加深。

（3）抓实实践创新，提高活动成效。

在丰富养成教育园本课程过程中，我们梳理出“四节二礼三工程”的实施途径，确定了“做有中国根的文明小公民”的园本课程体系，帮助幼儿在活动中习得、在实践中巩固，这些都为养成教育园本课程的有效实施提供了强有力的保证。

**2. 确定目标、内容及评价体系**

（1）拟定养成教育园本课程的目标。

通过查阅相关文献资料，借鉴已有研究成果，课题小组梳理出了养成教育园本课程的目标体系，包括养成教育园本课程的总目标、各年龄段目标以及具体教育活动目标，从宏观到具体，逐步细化，层层深入。

课程总目标从生活习惯、学习习惯和行为习惯三个维度出发，从宏观的角度拟定了通过三年的幼儿园生活要帮助幼儿达成的养成教育成效。各年龄段目标是以各年龄阶段课程总目标为基础，是在幼儿身心发展的年龄特点的基础上对总目标的分解与细化。其内容包括各年龄段相应的具体发展目标，每个目标之下又包含与之相应的实施建议。具体教育活动目标是对各年龄段目标的具体化。其以具体的教育活动为依托，明确规定了每次教育活动的目标。一次次教育活动目标的达成，为养成教育园本课程总目标的实现奠定了稳固的基础。

（2）确定养成教育园本课程的内容。

养成教育园本课程的内容主要分三个大方向：主题活动、主题背景下的区域活动、特色活动。

1）主题活动。结合养成教育点多、线长、面广的特点，以思维导图为抓手，深挖符合幼儿兴趣发展需要的主题活动内容。从传统文化资源库中提炼活动主题、获取知识灵感、汲取教育养分，扎根于传统文化教育。比如“火红的中式婚礼”“十二生肖的故事”“我是中国人”“我爱家乡”“大话西游”等主题活动充满了传统元素，深受幼儿的喜爱和欢迎，到目前为止，已形成 14 个比较成熟的主题。与主题活动网络图（见图 1－1、图 1－2、图 1－3 和图 1－4）相配套的还有主题活动课程计划表，表内包含课程主题、课程构想、课程线索等内容。

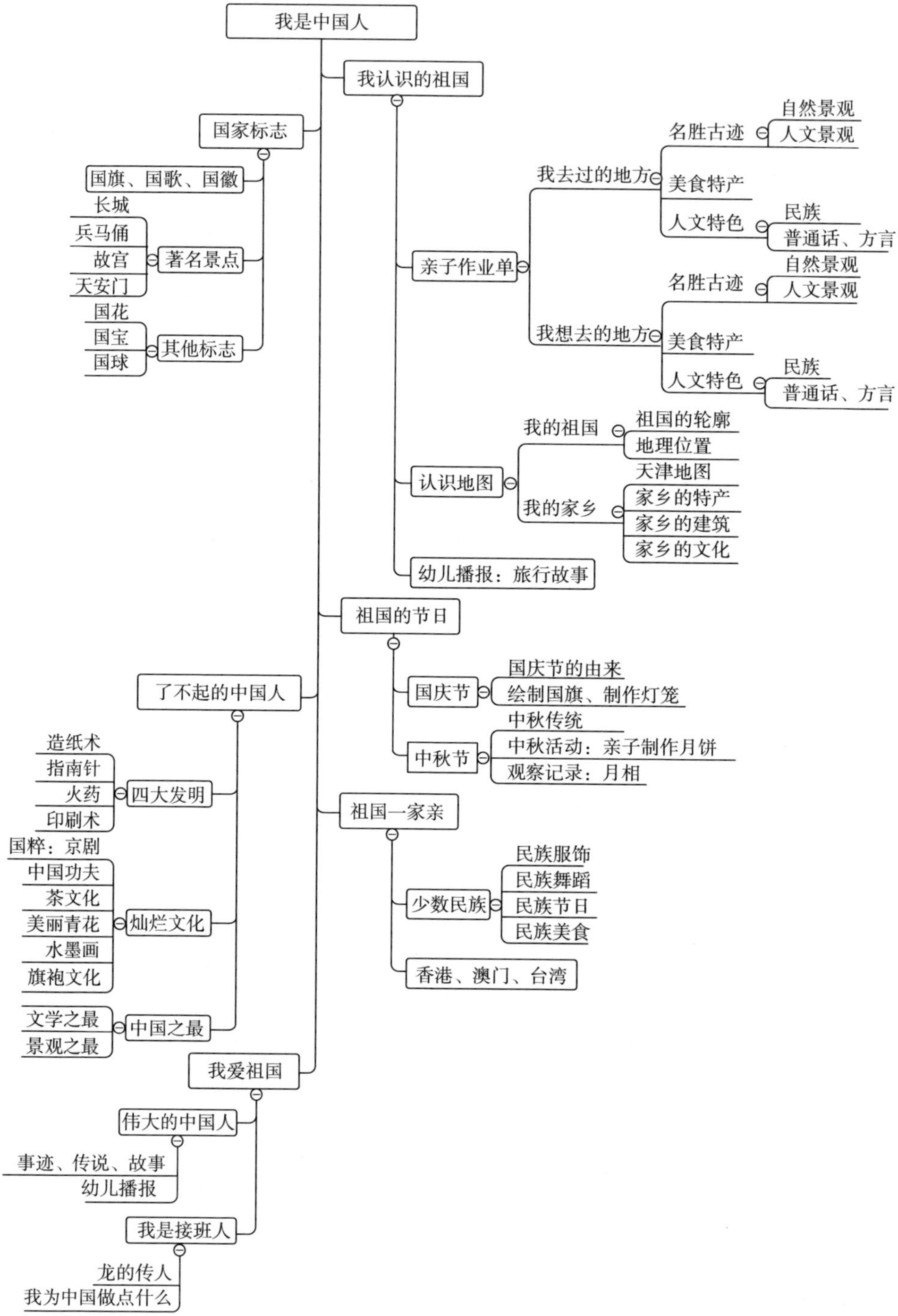

- 我是中国人
  - 我认识的祖国
    - 亲子作业单
      - 我去过的地方
        - 名胜古迹
          - 自然景观
          - 人文景观
        - 美食特产
        - 人文特色
          - 民族
          - 普通话、方言
      - 我想去的地方
        - 名胜古迹
          - 自然景观
          - 人文景观
        - 美食特产
        - 人文特色
          - 民族
          - 普通话、方言
    - 认识地图
      - 我的祖国
        - 祖国的轮廓
        - 地理位置
      - 我的家乡
        - 天津地图
        - 家乡的特产
        - 家乡的建筑
        - 家乡的文化
    - 幼儿播报：旅行故事
  - 国家标志
    - 国旗、国歌、国徽
    - 著名景点
      - 长城
      - 兵马俑
      - 故宫
      - 天安门
    - 其他标志
      - 国花
      - 国宝
      - 国球
  - 祖国的节日
    - 国庆节
      - 国庆节的由来
      - 绘制国旗、制作灯笼
    - 中秋节
      - 中秋传统
      - 中秋活动：亲子制作月饼
      - 观察记录：月相
  - 了不起的中国人
    - 四大发明
      - 造纸术
      - 指南针
      - 火药
      - 印刷术
    - 灿烂文化
      - 国粹：京剧
      - 中国功夫
      - 茶文化
      - 美丽青花
      - 水墨画
      - 旗袍文化
    - 中国之最
      - 文学之最
      - 景观之最
  - 祖国一家亲
    - 少数民族
      - 民族服饰
      - 民族舞蹈
      - 民族节日
      - 民族美食
    - 香港、澳门、台湾
  - 我爱祖国
    - 伟大的中国人
      - 事迹、传说、故事
      - 幼儿播报
    - 我是接班人
      - 龙的传人
      - 我为中国做点什么

**图 1－1　“我是中国人”主题活动**

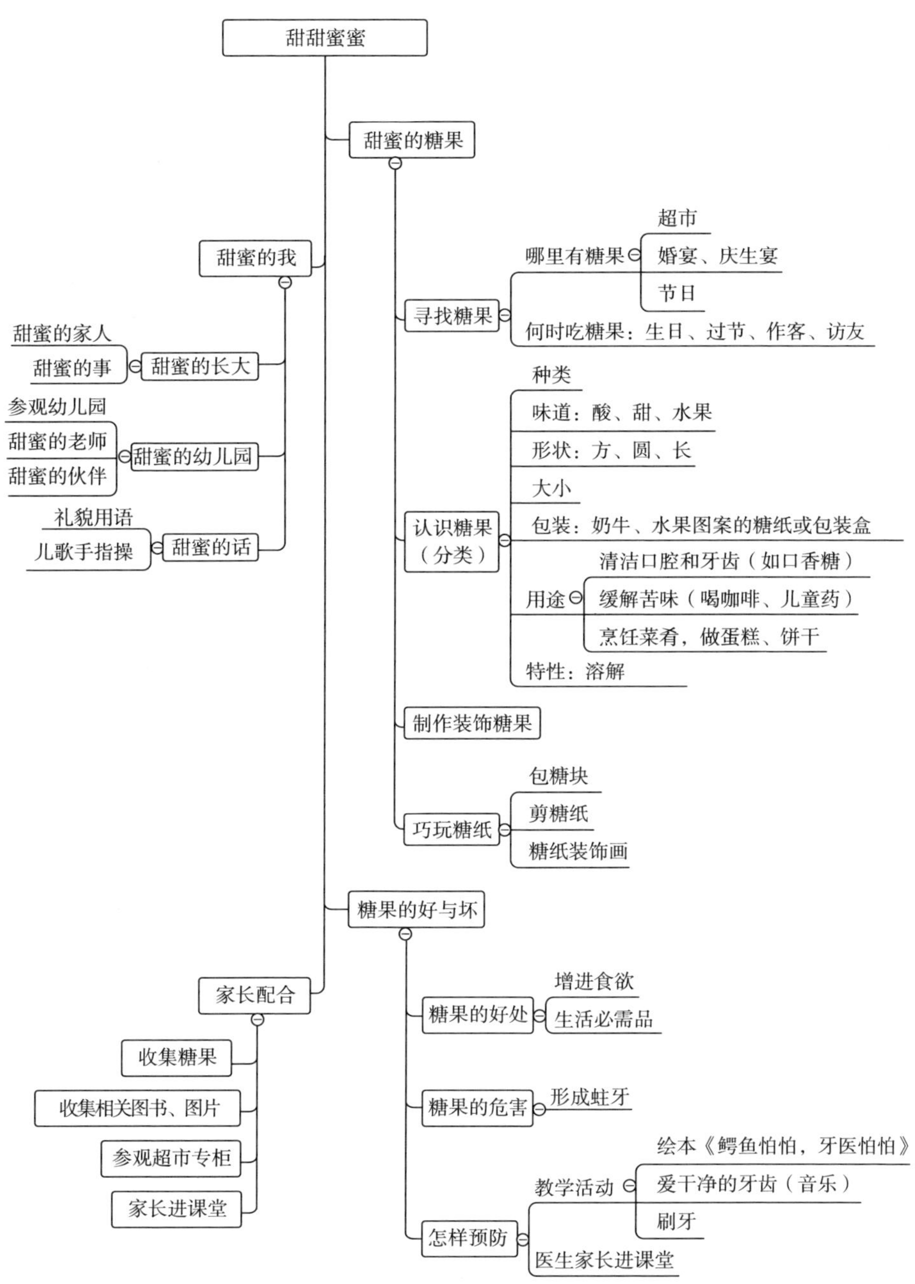


**图 1－2　“甜甜蜜蜜”主题活动**

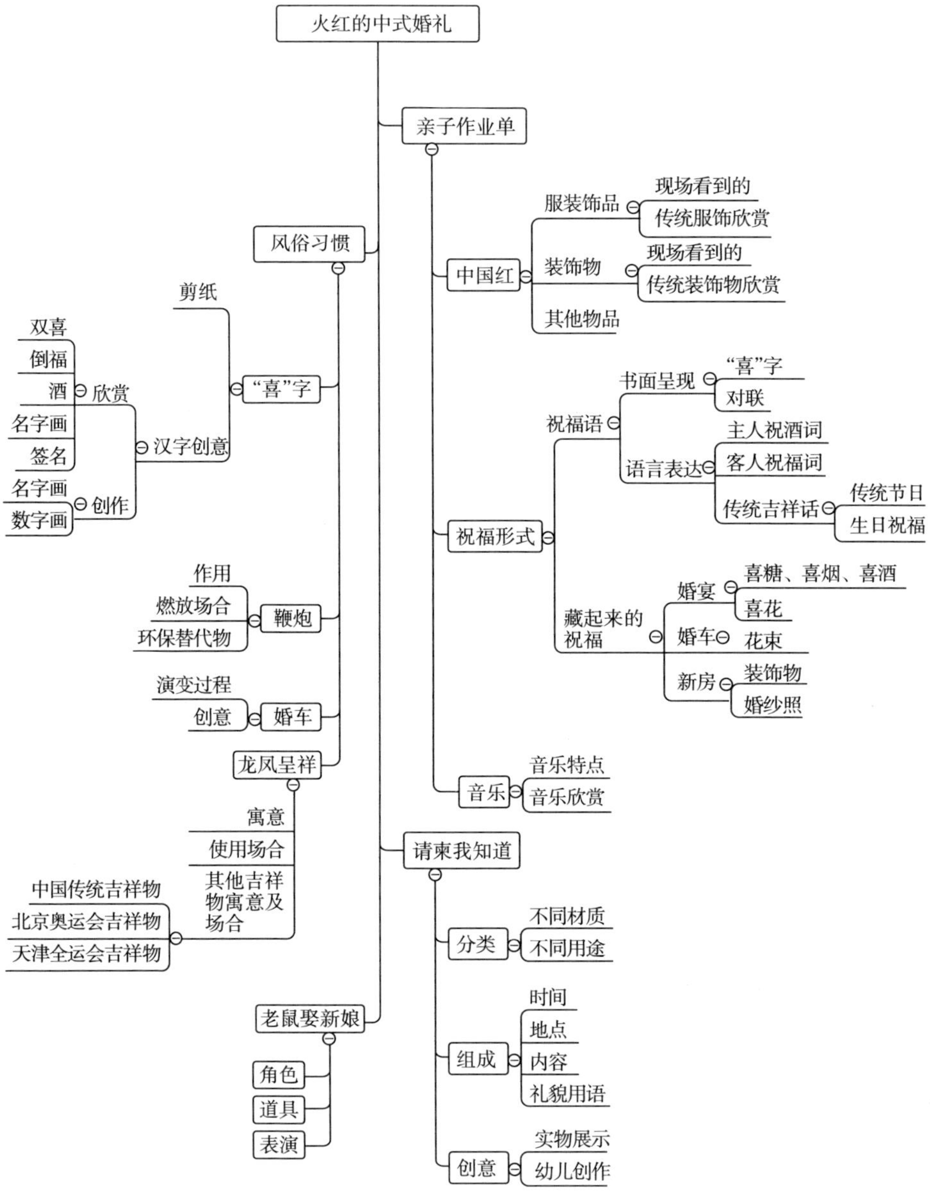

火红的中式婚礼

- 亲子作业单
  - 中国红
    - 服装饰品
      - 现场看到的
      - 传统服饰欣赏
    - 装饰物
      - 现场看到的
      - 传统装饰物欣赏
    - 其他物品
  - 祝福形式
    - 祝福语
      - 书面呈现
        - “喜”字
        - 对联
      - 语言表达
        - 主人祝酒词
        - 客人祝福词
        - 传统吉祥话
          - 传统节日
          - 生日祝福
    - 藏起来的祝福
      - 婚宴
        - 喜糖、喜烟、喜酒
        - 喜花
      - 婚车
        - 花束
      - 新房
        - 装饰物
        - 婚纱照
  - 音乐
    - 音乐特点
    - 音乐欣赏
- 风俗习惯
  - “喜”字
    - 剪纸
    - 汉字创意
      - 欣赏
        - 双喜
        - 倒福
        - 酒
        - 名字画
        - 签名
      - 创作
        - 名字画
        - 数字画
  - 鞭炮
    - 作用
    - 燃放场合
    - 环保替代物
  - 婚车
    - 演变过程
    - 创意
  - 龙凤呈祥
    - 寓意
    - 使用场合
    - 其他吉祥物寓意及场合
      - 中国传统吉祥物
      - 北京奥运会吉祥物
      - 天津全运会吉祥物
- 请柬我知道
  - 分类
    - 不同材质
    - 不同用途
  - 组成
    - 时间
    - 地点
    - 内容
    - 礼貌用语
  - 创意
    - 实物展示
    - 幼儿创作
- 老鼠娶新娘
  - 角色
  - 道具
  - 表演

**图 1－3　“火红的中式婚礼”主题活动**

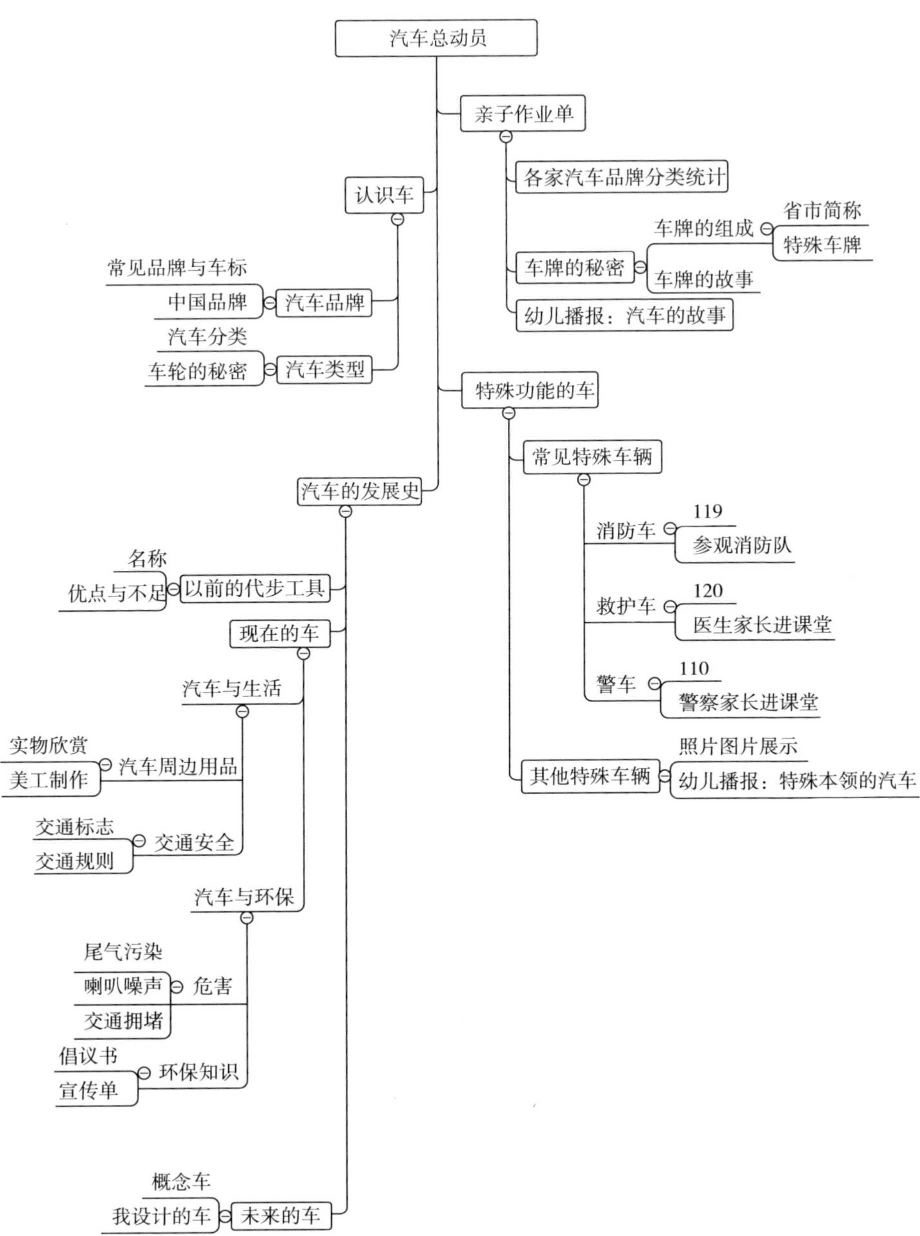


**图 1－4　“汽车总动员”主题活动**

2）主题背景下的区域活动。依据主题收集与幼儿年龄特点相适应的资料与素材，包括实物、图片、照片、标本等，种类多、内容全，便于幼儿观察。提供丰富充足的活动材料，创设有中国特色的活动环境。

幼儿的经验是通过自身的活动来获得的。在学习性区域活动中，教师有意识地创设并投放了大量与主题相关的且适合幼儿发展水平的活动材料及工具，结合兴趣、主题、话题、季节等关键因素，从中协调各类要素之间的联系，支持幼儿操作和探索。

3）特色活动。传统节日是中华民族悠久历史文化的重要组成部分。如团圆美满的元宵节、赏菊观月的中秋节等，蕴含着我国人民尊老爱幼、勤劳、和善、爱国等优良品德，具有十分重要的教育价值。在传统节日，我国会组织大型综合性的庆祝活动，让孩子们在节日氛围中亲身体验并感受中华传统文化的独特魅力，体验参与中华传统文化教育活动的乐趣，了解节日习俗，与同伴共享节日的喜悦，同时参与一些我园独有的特色活动。

（3）完善养成教育园本课程评价体系。

综合运用观察评价法、情境性评价法、档案袋评价法等对幼儿在园的一日生活以及在家的行为表现进行评估，保证课程评价全面和系统，促进幼儿良好习惯的养成。

**3. 实施途径**

创造环境，自然习得。环境教育功能是润物细无声的，幼儿园环境直接影响到幼儿习惯的养成。

（1）园内环境安全温馨。

在幼儿园内显著位置悬挂、张贴文明养成宣传标语，走廊处设置温馨提示、文明养成格言。宣传专栏、主题挂饰、墙饰等环境细节都无声地传递着园所的办学理念和文明养成理念。

（2）室内环境科学有趣。

主题墙饰根据每个月主题活动内容重新布置。开设特色养成专栏，张贴“好习惯儿童画”，用视觉语言暗示、提示幼儿一言一行要符合养成规范，使幼儿在欣赏的同时受到感染。

（3）活动内容丰富多彩。

1）主题为主。在实践中摸索生成了14个主题活动，每个主题都有若干个具体活动案例。通过幼儿、家长、教师的积极互动，养成教育进入幼儿园，进入千家万户，进入幼儿、家长和教师的心间。

例如在“欢欢喜喜过大年”“亲亲我的好妈妈”主题活动中渗透养成教育，教育效果明显：孩子们观察理解图画，再用语言表达图意，然后分角色进行表演，使幼儿在看图会意、看图说话、仿图表演的过程中提高语言表达能力；同时也使幼儿在看、思、言、行的过程中，亲身体验活动的气氛，感受亲人间的融合、关爱、温暖的浓厚情感，用自己的方式恰当地表达对家人的爱，激发对亲人的感激之情。

2）区域为辅。合理安排活动区域，区区相融相通为幼儿良好行为习惯的养成创造条件。例如，把相对安静的小棋苑、小书吧安排在一起，易使幼儿养成专心参与活动、安静学习的好习惯；美工区里有手指画、印章画、纸团等，合理引导易使幼儿养成整理物品、按类摆放的好习惯。教师的指导应从直接影响、干预转变为适时隐性的引导。

区域游戏中有明确的规则制约。幼儿适应并遵守规则的过程亦是行为习惯养成的过程，充分发挥区域活动规则的作用，逐步规范其行为意识，内化成自身较稳定的行为特征，能促进幼儿良好行为习惯的巩固。

3）活动助力。在“四节二礼三工程”的实施中，环境暗示与活动巩固双管齐下，活动时井然有序，待人时彬彬有礼，幼儿无论是在生活、学习、行为习惯还是规则意识方面都取得了明显的进步与提高，养成教育成果初步显现。

### （六）研究结论

从宏观到具体，逐步完善目标体系，梳理出“做有中国根的文明小公民”园本课程总目标（见图1－5）。

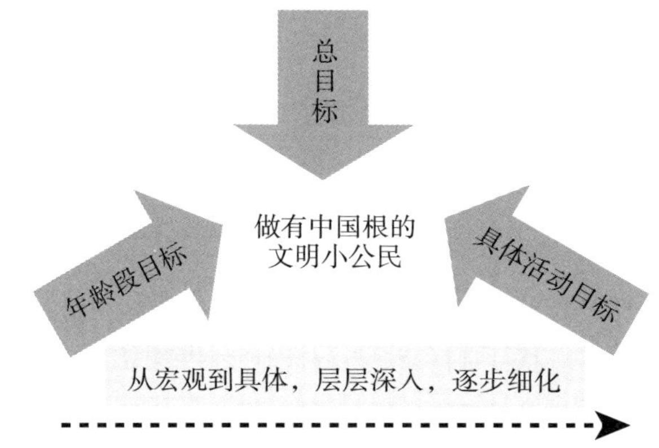


**图1－5 “做有中国根的文明小公民”园本课程总目标**

### 1. 各年龄段养成目标（见表1－2）

**表1－2 各年龄段养成目标**

| 班级 | 项目 | 目标内容 |
|---|---|---|
| 小班 | 生活习惯 | 1. 学会使用小勺独立进餐，细嚼慢咽，不挑食、不剩饭，懂得要多吃蔬菜水果、少吃零食<br>2. 饭前洗手、饭后擦嘴并漱口，保持身上、桌上、地上干净整洁<br>3. 在老师的提醒下能关注自己的饮水情况，喝够足量的水<br>4. 能及时如厕、不憋尿，自己脱裤子、提裤子，并整理好内、外衣裤<br>5. 能穿脱简单的衣服及鞋子，叠放整齐，并按时、独立、安静地入睡<br>6. 能按标记收放日常生活中使用的玩具和图书，体验自己的事情自己做的乐趣 |
| | 学习习惯 | 7. 学习用正确的姿势看书、绘画<br>8. 不随意打断别人的对话，注意倾听他人讲话，并作出相应反应<br>9. 能在教师鼓励下说出自己的想法<br>10. 用拇指和食指捏住图书右下角，一页一页翻看图书，懂得爱护图书，不撕书 |
| | 行为习惯 | 11. 能礼貌地与人打招呼、求助及表示感谢，学会使用基本的礼貌用语<br>12. 认识五官，了解保护方法，日常生活和运动时能遵守基本的安全要求<br>13. 了解一些简单的安全生活常识，学会安全使用简单的工具<br>14. 在生活和游戏里保持正确的站、坐姿 |

续　表

| 班级 | 项目 | 目标内容 |
|---|---|---|
| 中班 | 生活习惯 | 1. 初步明白大小便与身体健康的关系，定时排便，便后冲水和洗手<br>2. 勤洗手、勤洗澡、勤剪指甲，知道爱清洁、讲卫生与身体健康的关系<br>3. 会正确使用筷子，主动喝水，自理大小便，按次序穿脱衣服，养成良好的生活常规<br>4. 按时起床，不拖拉、不等待，学习整理床铺<br>5. 在成人提醒下能根据天气变化增减衣服<br>6. 尝试学习管理自己的物品，能有顺序地整理、摆放<br>7. 能保持正确的坐、立、行姿势，看书、绘画姿势正确<br>8. 喜欢运动，积极参加体育锻炼 |
| | 学习习惯 | 9. 了解交通规则，知道基本的交通常识，养成从小遵守交通规则的意识<br>10. 认真倾听老师讲话，并充分理解话语中的指令及内容<br>11. 初步懂得哪些情绪有益于健康，并能够用完整的话表达自己的想法和情绪 |
| | 行为习惯 | 12. 积极当值日生，愿意为他人服务，做事认真<br>13. 能主动、认真地整理玩具、图书，养成物归原处的好习惯<br>14. 学习理解和遵守生活、活动、游戏和交往的规则，学习待人处世的基本礼貌<br>15. 认识生活中常见的安全标志，了解与生活有关的安全常识，懂得不到危险地方玩耍、不进行危险的活动 |
| 大班 | 生活习惯 | 1. 了解食物对人体的营养作用，懂得少吃零食、甜食和油炸食品，不暴饮暴食，知道均衡膳食对身体有益<br>2. 学会穿鞋带、系鞋带、梳头发等生活技能，懂得保持环境的整洁<br>3. 了解预防龋齿和换牙的卫生常识，学会保护牙齿<br>4. 更关注与了解自身发育情况，能保持正确的坐、立、行、走、读的姿势<br>5. 能根据气温的变化及自己冷热感觉随时增减衣服<br>6. 主动参加体育活动，坚持锻炼，初步养成锻炼身体的习惯 |
| | 学习习惯 | 7. 对文字感兴趣，喜欢读书中的文字，有一定的阅读习惯和方法<br>8. 能针对问题提出自己的建议和看法，在与同伴的共同努力下完成预期任务和计划<br>9. 在成人指导下，能合理安排自己的学习、活动，能独立完成力所能及的事，能自主地选择和计划活动<br>10. 养成作息有规律、做事有始有终的好习惯<br>11. 愿意与他人交谈并表达自己的感受，并能以恰当的方式表达对他人的关爱 |
| | 行为习惯 | 12. 知道事件、心情和表情的关系，学习适度地发泄及合理调试情绪的方法，想办法排除心里的不愉快<br>13. 能判断简单的对与错，能够做到等待、轮流、分享和谦让等<br>14. 能遵守游戏、学习和日常生活中的规则，初步体验、理解规则与公平，认真执行规则<br>15. 有独立解决问题的意识和基本能力，并尝试与同伴协商解决矛盾与困难，有集体荣誉感 |

（1）生活习惯：培养幼儿良好的作息、睡眠、排泄、饮食、盥洗等习惯，使幼儿形成健康、科学的生活习惯，有独立做事的意识和较好的生活自理能力，能够自己的事情自己做。

（2）学习习惯：培养幼儿的学习兴趣、注意力和倾听能力，使之乐学好问、勤于思考，具有学习的积极性、主动性和坚持性，引导和帮助幼儿掌握正确的学习方法。

（3）行为习惯：培养幼儿养成良好的与人交往、与人交谈的礼貌习惯，培养幼儿的亲社会行为，如分享、互助、合作等，能够理解并遵守日常行为规范。

**2. 构建“四节二礼三工程”的园本课程实施途径（见图1－6）**

“四节”：阅读节、体育节、合唱节、美食节。

“二礼”：大班幼儿毕业典礼、优秀家长表彰典礼。

“三工程”：行为习惯培养工程、文明礼仪培养工程、早期阅读培养工程。

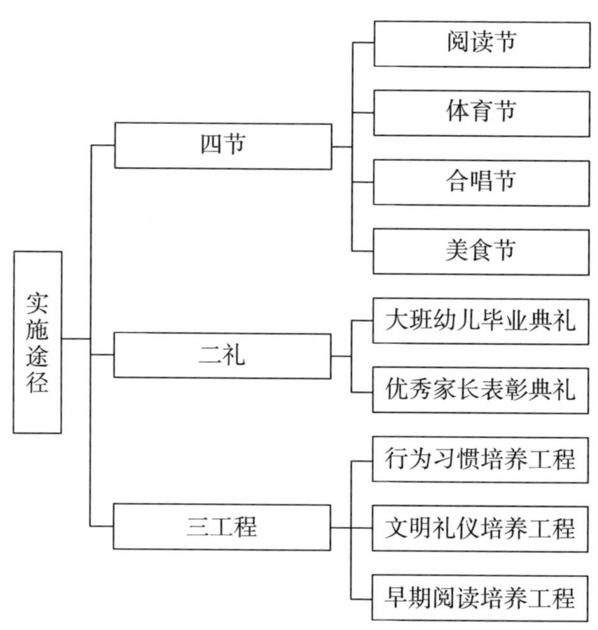


**图1－6 “四节二礼三工程”的园本课程实施途径**

（1）定时开展丰富多彩的养成教育活动。

每学年开展阅读节、体育节、合唱节、美食节等养成教育展示活动，并对家长开放，在展示幼儿养成教育成果的同时，也使家长得到启发和教育，扩大了养成教育的广度和深度，使幼儿在基本养成、家庭养成、幼儿园养成、公共场所养成、节日养成等方面得到发展。

（2）展示养成教育成果。

每年召开大班幼儿毕业典礼、优秀家长表彰典礼，以具有仪式感的活动，把养成教育的成果进行提升和升华，加强家园沟通和联系，以主题特色活动的方式进行互动，双向地感受养成教育，把养成教育这一抽象内容与实际活动相联系，内化在活动过程中，渗透在情感交流中。

“三工程”区别于普通的教育活动，是在一学期内、一学年内进行系统的专项教育工程。其不仅仅局限在幼儿园和教育环节，而是渗透在整个幼儿的社会活动中。以早期阅读培养工程为例，在实施方案的基础上进行活动具体安排，确定各个年龄段的教育目标及指导要点，确定各个年龄段的推荐书目，确定各个年龄段的阅读能力评价标准及问卷反馈等内容。

**3. 构建有“中国根”的园本课程体系**

以思维导图为抓手，对已有的主题活动课程资源进行扩展、梳理、整合，建立目标整合、结构严谨、要素多元的课程体系。

## 三、参考文献

［1］中华人民共和国教育部 . 3—6 岁儿童学习与发展指南［M］. 北京：首都师范大学出版社，2012.

［2］刘利民 . 推进可持续发展教育提高教育质量［M］. 北京：教育科学出版社，2011.

［3］虞永平 . 在生活中学习　在生活中成长［J］. 幼儿教育，2005

（11）.

［4］郭宗莉．幼儿养成教育的实践［J］．幼儿教育，2005（3）.

［5］万立勇．探究园本课程，实施幼儿养成教育［J］．学周刊，2017（18）.

［6］刘平平．论养成教育对幼教的影响［J］．才智，2014（1）.

［7］黄德维，杨喜萍，刘焕仪．养成教育操［J］．教育导刊．幼儿教育，2006（12）.

［8］易冰．幼儿文明礼貌习惯养成教育研究［D］．长沙：湖南师范大学，2005.

［9］丁海东．学前游戏论［M］．济南：山东人民出版社，2001.

［10］王春燕，王秀萍，秦元东．幼儿园课程论［M］．杭州：浙江工商大学出版社，2018.

# 课题二　幼儿社会性游戏化体验课程的实践研究

## 一、课题组成员信息及分工情况

### （一）课题组成员信息（见表2－1）

表2－1　课题组成员信息

<table>
<tr><td rowspan="2">课题主持人</td><td>姓名</td><td colspan="2">单位</td><td>性别</td><td>现任职务</td><td>出生年月</td><td>学科</td></tr>
<tr><td>杨昆</td><td colspan="2">天津市滨海新区第一幼儿园</td><td>女</td><td>园长</td><td>1977年5月</td><td>幼教全科</td></tr>
<tr><td rowspan="3">课题组主要成员</td><td>姓名</td><td>学科</td><td>学段</td><td>职务</td><td colspan="3">单位</td></tr>
<tr><td>刘海丽</td><td>幼教全科</td><td>幼儿园</td><td>副园长</td><td colspan="3">天津市滨海新区塘沽第一幼儿园</td></tr>
<tr><td>皮曼丽</td><td>幼教全科</td><td>幼儿园</td><td>副园长</td><td colspan="3">天津市滨海新区塘沽第一幼儿园</td></tr>
</table>

### （二）课题组成员分工情况

杨昆：负责课题整体研究、规划、实施并撰写课题研究中期报告、课题研究结题报告。

刘海丽、皮曼丽：负责课题具体研究、实施，整理课题研究内容，汇总幼儿游戏体验课程的幼儿活动内容和教师资源手册内容。

三位成员共同完成课题研究的开题报告并将课题研究成果——《社会性游戏化体验课程幼儿活动手册》《社会性游戏化体验课程教师资源手册》整理成集。

## 二、课题详细信息

### （一）课题由来

幼儿社会性游戏化体验课程，是我园幼儿游戏教育和体验课程的重要内容和组成部分。幼儿社会领域的学习主要是通过观察、模仿和做游戏在潜移默化中实现的，特别是社会态度和社会情感学习，往往不是教师直接教的，而是幼儿在现实生活和游戏教育活动中积累与其有关的实际活动经验和游戏体验来进行学习的。国外游戏教育注重对幼儿的情绪和社会情感的培养和发展，但是其内容、方法不完全符合我园幼儿年龄特点。在我国的幼儿社会性游戏化领域的内容和教学方法中，讲述法占 50%，不完全符合我园幼儿的发展特点。因此，我园进一步提出以幼儿游戏化体验课程为主要教学方法，以符合本园幼儿年龄特点及发展特点的“幼儿社会性游戏化体验课程的实践研究”这一课题。

### （二）课题界定

我们一般认为幼儿社会性游戏化体验课程的目的是教师在幼儿进行社会领域的学习时以游戏体验的教育观念为理论指导，在幼儿培养目标、教学过程设计等方面，借助游戏，选择适合幼儿发展的教育工具、评价方法、教学策略。在对幼儿进行社会性游戏领域的教育内容学习和其发展中充分运用“体验”的游戏化学习教育方式，使幼儿对外部环境产生自我认同、适应、内化，实现积极有效的幼儿社会化教育过程。

### （三）研究目标

（1）通过课题研究，探索幼儿现实的学习生活游戏教育体验内容，注重游戏教育体验内容的交叉整合，把握我国幼儿各年龄段的社会性游戏教育的发展规律及其特点，通过开展主题教育活动游戏体验、区域互动游戏体验、大型活动游戏体验、家园和谐共育游戏体验等各种社会性教育体验形式的游戏教育活动，进一步完善幼儿园各年龄段社会性教育发展，践行游戏教育园本理念的课程体系。

（2）提高教师在实践中把握教育契机的能力，总结提升教师的有效指导策略。

### （四）研究内容

（1）3～6岁社会性游戏化体验课程活动方案研究：①基础课程方案研究（主题游戏）；②综合课程方案研究（区域游戏活动、大型社会活动、家园共育活动）；③个性化课程方案研究（通过个案分析制定的有针对性的活动）。

（2）通过3～6岁不同阶段幼儿社会性游戏化体验课程组织与实施，提升教师的指导方法与策略。

### （五）研究情况

**1. 研究准备阶段（2017年6—8月）**

组建课题研究组，查阅文献进行选题讨论，拟定课题研究思路并设计课题方案，完成课题申报和开题报告。

**2. 研究实施阶段（2017年9月—2019年8月）**

（1）全面开展研究工作，确立社会性游戏化体验课程的框架体系，写出课程创编标准和社会性游戏化体验课程的总目标和年龄段目标。

（2）加强课程过程研究，做好原始记录，分阶段在各班进行研究实践活动，运用行动研究法探索基础课程（主题游戏）、综合课程（区域游戏活动、大型社会活动、家园共育活动）和个性化课程（通过个案分析制定的有针对性的活动）的内容及有效方法。

（3）定期开展课题研究观摩，课题组教师充分运用游戏体验的教育理念，转变教育行为，大胆尝试开展游戏化体验课程，研讨成功的经验和方法，同时收集整理相关材料，进行中期课题总结展示。

（4）整理各类活动内容、方案，完成社会性游戏体验课程中基础课程、综合课程、个性化课程方案的样章撰写。

**3. 总结与结题阶段（2019 年 9—12 月）**

（1）汇总各种研究资料，整理汇编《社会性游戏化体验课程幼儿活动手册》《社会性游戏化体验课程教师资源手册》。

（2）全面分析研究资料，总结研究成果，撰写研究报告，申报课题结题。

### （六）研究结论

在本课题研究中，在“三名工程”多位专家的指导下，我们大胆尝试，不断地修改、调整方案，探索适合本土幼儿园的社会性游戏化体验课程。

**1. 探讨、研究制订幼儿社会性游戏化体验课程的目标**

幼儿社会性游戏化体验活动课程目标的构建以全面体现幼儿发展与彰显幼儿个性、阶段层次与连续递进、多元多域与社会整体融合、科学性与社会动态性融合为基本原则，从纵向将促进幼儿社会性游戏化发展的课程目标切分为课程纲要总目标、社会性发展目标、年龄阶段主题目标、单元阶段主题课程目标和社会性体验游戏化活动课程目标。根据幼儿的主要社会发展的现状，经过反复讨论和深入研究制订 3 ~6 岁儿童的社会发展目标和教育建议的细则，提出三级教育目标、家长指导教育建议和适用于达成此课程目标的其他相关社会性游戏化体验活动。

**2. 明确3～6岁幼儿社会性游戏化体验课程的教学模式**

（1）体验式。

在我国幼儿园和社会教育领域的幼儿学习和发展中，“体验”是一种非常重要的学习活动方式。良好的情感态度对于幼儿学习不是简单讲一个道理所能够达到的，它不是一种可以完全脱离其他内容而单独存在的东西，而是伴随着活动而自然产生的一种情感体验。

（2）浸透式。

替代学习和替代强化是其核心功能。幼儿通过观察示例及模型产生各种行为和心理变化。社会领域的替代性学习主要渗透于幼儿的一日学习生活之中，渗透性、伴随性是社会领域替代性学习的两个基本特征。

（3）渐进式。

幼儿社会性发展是一个从量变到质变，从较低级到高级，从简单到复杂的过程。

（4）交流式。

教师、幼儿双方可以围绕某一个共同的问题或某一主题，自由地发表自己的想法和观点，表达自己的感受和生活体验，进行相互交谈、相互交流学习。

**3. 完成3～6岁幼儿社会性游戏化体验课程内容梳理**

幼儿社会性游戏化体验课程的内容包括幼儿主题性发展活动游戏化体验、区域自主参与游戏体验、家园和谐共育互动体验。

（1）促进幼儿主题性发展活动游戏化体验。

顾名思义，也就是在开学后的一段时间内幼儿围绕一个中心内容，即主题活动来参与组织的社会性教育发展教学活动，幼儿通过亲历了本次主题发展活动的所有主题和内容，获得与中心内容有关的较为完整的知识和经验。

（2）促进幼儿区域自主参与游戏的体验。

我园充分珍视幼儿自主生活的独特意义和游戏的价值，通过优化区域自主参与游戏的环境和材料，转变教师和幼儿的教育参与行为。在这一活动的过程中，教师充分倾听、支持幼儿的自主参与想法，使幼儿喜欢上自己感兴趣、自主参与的游戏。通过创设以儿童为中心的环境，投放低结构、非结构和各种贴近幼儿自主生活的开放性材料，支持教师引导幼儿主动参与学习。

1）以儿童为中心的环境引发幼儿对自主开展游戏的强烈兴趣。以儿童为中心的环境顾名思义就是：游戏活动环境的创意设计来源于教师和幼儿的日常生活，布置设计支持教师和幼儿的游戏活动需求，评价设计追踪幼儿的生理反应。在教师和班级游戏活动环境的创设中，教师要充分关注和了解幼儿、支持和理解幼儿、相信和尊重幼儿，满足教师和幼儿对创设游戏活动环境的共同愿望和需求。

2）低结构材料激发了幼儿学习和自主开展游戏的兴趣和欲望。低结构材料主要是一些特殊的无规定的玩法、无具体的形象特征的材料。我园的低结构材料分为主体材料和辅助材料。幼儿可以随时根据自己的设想进行创造性组合，发挥想象力，引发幼儿进行独立游戏的兴趣。

（3）促进家园和谐共育互动体验。

促进幼儿园社会性教育的发展需要社区和家园的一致性。幼儿园、家庭、社区的一致性是促进幼儿园教育社会性和谐发展重要的动力来源。

1）大型实践活动，使家长走进幼儿园的社会教育。家长是我园的社会性游戏体验课程的重要合作伙伴，能有效促进幼儿全面、和谐和健康发展。幼儿园大型实践活动是由教师发起，孩子和家长共同参与的大规模实践活动。在实践中，教师通过家长沙龙等形式，向家长传递社会教育的理念，共同协助孩子完成活动，体验活动乐趣。

2）家园直通车活动，亲子共同走进社会、了解社会。家园直通车活动是由教师和家长委员会成员共同协商举办，由家长组织的走向社会的各项活动。家长们在活动中注重培养幼儿的规则意识和幼儿交往能力，使幼儿在丰富多彩的活动中走进社会，了解各行各业，更能增进亲子感情。

### 4. 构建社会性游戏化体验课程评价体系

主要内容是教师、家长、同伴在幼儿园、区域、家庭、社区四个模块活动中进行问卷调查、个案观察、交流、讲述、作品分析等并完成评价。

## 三、参考文献


[1] 李季湄，冯晓霞.《3—6 岁儿童学习与发展指南》解读 [M]. 北京：人民教育出版社，2013.

[2] 冯晓霞. 幼儿园课程 [M]. 北京：北京师范大学出版社，2000.

[3] 张文新. 儿童社会性发展 [M]. 北京：北京师范大学出版社，1999.

[4] 韩秀英，白燕. 成就完整儿童 [M]. 天津：新蕾出版社，2013.

[5] 戴维·迈尔斯. 社会心理学 [M]. 11 版. 侯玉波，乐国安，张智勇，等译. 北京：人民邮电出版社，2016.

[6] 王海英. 以“儿童为中心”的班级环境创设 [J]. 幼儿教育，2013（24）.

# 课题三　多途径培养幼儿自我保护能力的实践研究

## 一、课题组成员信息及分工情况

### （一）课题组成员信息（见表3－1）

**表3－1**　　**课题组成员信息**

<table>
<tr><td rowspan="2">课题主持人</td><td>姓名</td><td colspan="2">单位</td><td>性别</td><td>现任职务</td><td>出生年月</td><td>学科</td></tr>
<tr><td>张晓林</td><td colspan="2">天津市滨海新区汉沽第三幼儿园</td><td>女</td><td>教师</td><td>1976年11月</td><td>幼教全科</td></tr>
<tr><td rowspan="5">课题组主要成员</td><td>姓名</td><td>学科</td><td>学段</td><td>职务</td><td colspan="3">单位</td></tr>
<tr><td>李玲</td><td>幼教全科</td><td>幼儿园</td><td>教师</td><td colspan="3">天津市滨海新区汉沽第一幼儿园</td></tr>
<tr><td>杨恩娟</td><td>幼教全科</td><td>幼儿园</td><td>教师</td><td colspan="3">天津市滨海新区汉沽第二幼儿园</td></tr>
<tr><td>李玉花</td><td>幼教全科</td><td>幼儿园</td><td>园长</td><td colspan="3">天津市滨海新区汉沽实验幼儿园</td></tr>
<tr><td>温梓卉</td><td>幼教全科</td><td>幼儿园</td><td>园长</td><td colspan="3">天津市滨海新区汉沽求实幼儿园</td></tr>
</table>

### （二）课题组成员分工情况

张晓林：负责在本园实施安全主题教育活动等，并将好的途径、方法进行记录，同时负责开题报告、中期报告、结题报告的撰写及课题汇报。

李玲：负责在园所实施安全主题教育活动等，并将好的途径、方法进行记录。

杨恩娟：负责收集汇总教师安全教育随笔、论文，创编安全教育儿歌。

李玉花：负责组织园所大型的安全讲座、演习等活动，并收集相关的照片及其他资料。

温梓卉：负责组织家长安全讲座、家长安全知识调查。

## 二、课题详细信息

### （一）课题由来

幼儿期是儿童身体发育和运动机能快速发展的时期，幼儿平衡能力、躲闪能力发育不完善，同时自我保护意识很弱，好动好奇，因此我们应把安全放在首位，安全是一切活动的前提。目前很多幼儿园都开展安全教育，但幼儿园教师还是存在过分保护幼儿的倾向，安全教育内容、途径和方法单一，幼儿安全意识和自我保护能力依旧薄弱。生活中很多家长总认为自己的孩子不会发生意外，但通过各种媒体我们看到了一起起的安全事故，触目惊心。为了促进幼儿身心健康发展并保证其健康成长，家长从小就要注重培养其安全意识和自我保护能力。我们应该将家长消极的保护变为幼儿积极的自护。为此，我们将通过环境营造、区域游戏、安全主题教育活动、生活中的随机教育等多种安全教育方式，强化幼儿安全意识、自我保护能力，让幼儿通过自身参与获得保护自己的知识经验和技能，我们将积极开展家园互动，形成育人合力，培养幼儿的安全意识，提高幼儿自我保护能力。

### （二）课题界定

幼儿自我保护能力是指幼儿能准确了解自己和周围环境，避开或排除危险，并形成一定的应急能力、自主行为能力等。园所为幼儿创设安全的生活化游戏环境，室内室外定期做安全检查，排除安全隐患，并随时提示幼儿注意安全，防止幼儿发生意外。

在课题研究前，我们几个园所就一直非常重视对幼儿的安全教育，安全教育也成为我们各个园所的园本课程。我们将安全教育内容纳入园所常态教学以及幼儿在园生活的各个环节。

### （三）研究目标

（1）在课题实践研究中探索有效的安全教育的途径和方法。

（2）通过课题的实践研究，帮助幼儿逐渐树立安全意识，掌握简单的自我保护方法。

（3）通过模拟体验，让幼儿在应对突发事件和自然灾害时不恐慌，并能用正确方法应对和躲避危险。

（4）通过家园协力，合力共育，培养幼儿的安全意识和自我保护能力。

### （四）研究内容

（1）分析发生幼儿意外危险事件的原因。

（2）研究有关提升幼儿自我保护能力的培养内容：运动保护、自然灾害自救、应急演练、防走失、食品安全、交通安全、防火安全。

（3）研究家园协力合作对幼儿进行自我保护教育的途径及方法。

### （五）研究方法

#### 1. 观察法

教师通过观察了解幼儿在防震、防火、防恐应急演练等安全主题活动及其他教育活动中的表现、兴趣、需要，找出提升幼儿自我保护能力的方法和途径。

**2. 经验总结法**

教师通过对幼儿进行多途径的安全意识和自我保护能力培养，积累了一定的工作经验，并从中总结出切实可行的途径和方法。

## （六）研究情况

**1. 准备阶段（2017 年 7 月）**

（1）确定课题名称，成立课题组，确定课题组成员。

（2）拟定研究思路，制订研究方案，组织课题组成员，完成课题研究申报。

**2. 实施阶段（2017 年 9 月—2019 年 6 月）**

全面开展课题研究工作，收集原始资料，并进行过程管理，写出阶段研究报告。

（1）寻找与本课题相关的安全教育活动案例进行研究，总结这些安全教育活动案例的成功之处与有待完善之处，在教学中，结合课题研究，形成自己的教学设计方案。

（2）组内成员在本课题的方案指导下，积极开展安全教育活动，进行本课题的实践研究。组内成员互相听课、评课，在平行班开展安全教育展示活动，并定期进行小组、大组研讨交流。

（3）根据课题需要，在园内开展安全主题讲座，防震、防火、防恐应急演练等活动，并及时进行原始资料的整理工作。

（4）定期开展课题的阶段性总结，课题组教师共同制订下一阶段的课题研究工作重点，继续深入开展本课题研究。

（5）根据已开展的一系列课题研究活动，研讨成功经验和方法，并收集整理有关资料，完成本课题的中期报告。

**3. 总结阶段（2019 年 7 月）**

（1）在课题实践研究的基础上，组内成员对一起努力得出的成果进行整理、分析、总结，并讨论在实践阶段出现的问题，收集资料、完善资料。

（2）全面分析梳理实践研究中获得的经验，总结研究成果，撰写研究报告，向上级申报成果鉴定并结题。

### （七）研究结论

我们依据专题研究各阶段的时间安排，有序开展实践研究，经过专家指导，本课题现已进入结题阶段。课题组成员在每个环节中都认真准备、仔细分析、不断总结、积极改进，使本课题研究有一定的实用性，取得了一定的成果。现将本课题总结如下。

（1）营造安全的生活化游戏环境，增强幼儿安全意识。

安全的环境有利于减少事故发生，我们会定期检查园所的环境，发现不安全因素及时上报并解决，防止幼儿安全事故发生。作为老师，我们应和孩子们一起打造适宜的物理环境，在“会说话”的环境中增强幼儿的安全意识。结合日常观察，我们发现幼儿在室内跑动时容易发生碰撞，在开学安全第一课中我们与幼儿进行讨论：如何让大家知道幼儿园里哪些地方不安全，怎样可以引起大家的注意，增强大家的安全意识，从而保护自己。最终我们和孩子们决定绘制安全标志，并将其粘贴在孩子们找到的不安全的地方，提醒他们注意。如在热水壶、灭火器上粘贴了禁止触摸的标记，在盥洗室的地面上粘贴了地滑危险的标记等。幼儿和老师一起在楼梯入口、转角处、楼梯上贴上了靠右侧上楼、不打闹、注意安全的标志，提醒大家注意安全。幼儿还在操场的滑梯、平衡架、攀登架等户外器材上和活动区场地上贴上了注意安全标志。通过这种方法和途径，幼儿加深了对生活中常见的安全标记的认识，提高了安全意识，积累了自我保护的方法。

在园所环境方面，我们利用橱窗设置了专门的安全教育板块，通过安全专栏的形式将安全教育的理念以及幼儿园开展安全教育的成果展示出来，以给来园的幼儿以及他们的家长留下深刻的印象。我们还在每层楼梯的围墙上贴上了有关安全教育主题的宣传画，如遇到火灾如何自救等。幼儿每天上下楼梯的时候都能关注到这些宣传画，从而加深了幼儿的安全意识，增强了他们的自我保护能力，也让家长从中了解安全的重要性并引起重视，形成家园教育合力。在幼儿园的日常生活中我们也经常听到幼儿们相互提醒注意安全，并能说出一些自我保护的方法和措施。在园内公共区域展示幼儿们在主题活动中亲手制作的宣传食品安全和交通安全的手抄报，让幼儿在了解食品安全、交通安全重要性的同时，进一步增强安全意识，懂得自我保护的方法。

（2）通过安全主题活动，增强幼儿安全意识，提高其自我保护能力。

园所每个学期都会结合安全主题月开展“食品安全”“交通安全我知道”“不和陌生人走”“我是小小消防员”等安全主题活动。我们结合小班幼儿认知水平，在小班开展了“猫宝宝不见了”“小剪刀”等安全教育活动，如在“猫宝宝不见了”防走失活动中，我们通过生动形象的多媒体形式让幼儿知道，和家人出去时一定跟紧家中成人、不乱跑，不能随意和不认识的人说话，不和陌生人走。与此同时我们结合这次活动进行了一次“不和陌生人走”的模拟演习，让幼儿亲身体验到和陌生人走的后果，同时懂得有陌生人要带自己走时要呼救，增强了幼儿的安全意识。结合 11 月 9 日全国消防安全宣传教育日活动，我们分别在小、中、大班开展了“着火了怎么办”“小小消防员”“如何防止火灾发生”等消防安全教育活动。我们还结合交通安全、防走失、自我保护、食品安全等进行了“我是小交警”“防走失小课堂”“学会保护自己”“危险的事情我不做”“幼儿园里应该怎样玩”“食品安全伴我成长”等安全主题活动，向幼儿宣传安全意识，让其通过亲身参与、情景体验，学会保护自己。

（3）通过区角活动，增强幼儿安全意识。

书是打开知识大门的钥匙，也是安全教育极好的载体，其题材、内容十分丰富。各班都在图书区投放大量安全教育图书，并充分利用幼儿喜欢阅读的各种绘本，告诉幼儿有关安全的知识。在表演区我们提供了故事

《小兔乖乖》的头饰、服装等，孩子们通过角色扮演，懂得了不要给陌生人开门，增强了安全意识。我们还结合“马路上的车”主题活动，在班内设置了“加油站”“汽车修理厂”“我是小司机”等几个区域，孩子们在自主性游戏中进一步了解了交通规则，正确认识了安全标志，懂得了行车安全知识，知道了在加油站不能打电话、车子有问题要马上修理等安全常识。孩子们通过在区域内的自主活动，丰富了安全常识，加强了安全意识，学会了自我保护的方法。

（4）将安全教育巧妙融入幼儿一日生活。

安全教育的时机生活中时时处处有，我们在一日生活中善于抓住教育契机，根据幼儿的年龄特点选择适宜内容和方式开展安全教育，并取得了良好成效。

1）将安全教育内容纳入常态教学。我们每个学期初会制订安全教育教学计划，从本班孩子的特点、认知水平出发制订与其相适应的安全教育内容，如进餐安全、乘车安全、消防安全、用电安全、保护五官、户外活动中的安全等。通过图片、故事等形式让幼儿直观地了解保护自身安全的重要性，增强安全意识并知道简单的自护方法。同时我们利用绘本故事教学活动、儿歌教学活动强化幼儿安全意识，培养其自我保护能力，如关于进餐安全的《肚子里的小红人》、防走失的《猫宝宝不见了》《汤姆走丢了》《小兔子去春游》、交通安全的《乘汽车》《红绿灯眨眼睛》等。一年来，我们将小、中、大班所开展的安全教育活动结集成册，便于今后园内各班安全教育活动的设计与开展。

2）将安全内容纳入每周一的升旗仪式。我们还将安全教育的相关内容纳入升旗仪式，每个周一早晨的升旗仪式中，主持升旗的教师都会给全园幼儿介绍安全知识，如“如何使用剪刀”“在家里哪些东西我们不能摸”“用电安全”等。这样既丰富了幼儿安全相关的知识，提高了其安全意识，也帮助家长树立了安全意识，重视幼儿安全意识的培养，让幼儿学会自我保护的方法。

3）开展离园安全话题十分钟活动，给幼儿介绍安全小常识。我们每天在幼儿离园前，给幼儿介绍安全小知识，比如告诉幼儿坐小椅子前应看一下自己的椅子，不然容易坐到地上，很不安全，会摔疼，还有可能磕到头等。通过和孩子们一起讨论，我们得出了保护自己的方法——每次坐小椅子前看一下，然后用双手扶住小椅子两边再坐下，就不会坐空摔倒。我们也会结合班内近期发现的安全隐患与孩子们共同讨论，找出应对的方法，利用短短的时间让孩子们获得实用的自护方法。

4）生活中的随机安全教育。在幼儿园，时刻都要提示幼儿注意安全，安全教育贯穿于幼儿一日生活的各个环节。因此，教师发现安全隐患和幼儿不安全的行为时会随时随机对幼儿进行提示，引起幼儿注意，提高其安全意识。例如早晨幼儿来园放书包、衣物，有的幼儿会将柜门开着，这时我们会提示幼儿将柜门关好，以免发生危险。如厕、盥洗时也会对在厕所乱跑的幼儿进行随机教育，帮其认识到乱跑的危害，比如会碰到同伴、会摔倒等。户外活动时随时强调游戏规则及安全，有针对性地让幼儿注意自护、学会自护。

5）进行户外体育游戏活动，有计划地提高幼儿自护能力。幼儿的身体协调能力，身体平衡能力，反应快慢以及手部、腿部的力气等都会影响幼儿自我保护能力。增强幼儿的身体运动机能，能减少意外事件的发生。现在很多家长很重视对幼儿进行安全意识教育，但往往就是“少外出活动，以免出现事故”的话语，这样“只护不导”让幼儿缺少亲身体验，无法获得自我保护的实践机会，其安全意识会越来越薄弱。在各类紧急情况发生时，能快速逃生到安全地方的一般都是反应快、动作协调性强的幼儿。因此，教师和家长需根据幼儿的自身情况有计划地安排户外活动，根据小、中、大班幼儿的动作发展规律，设计集中的体育游戏和分散的自选活动，让幼儿通过户外运动提升自我保护能力，同时增强体质。每次活动后我们都要进行评价，对有益的、安全的行为予以肯定；对危险的、可能对身体造成伤害的行为及时给予正面引导，让幼儿懂得这样做的危害，逐渐增强安全意识，学会自我保护。

（5）通过各种安全演练，让幼儿学会自我保护的方法。

每学期我们都会按计划定期开展安全演习，在实操中训练幼儿应对危险和逃生的能力。孩子们因为有过防火、防震、防恐的演习经验，当听到警报声时会迅速做出相应的反应，在老师的引导下有序撤离到安全的场所。在进行防拐骗的模拟演习中，我们请来食堂的工作人员扮演“拐骗人员”，当这位“拐骗人员”手里拿着孩子们喜欢吃的小食品来到活动室后，孩子们都朝她看过去了。她拿着小食品对坐在小椅子上的孩子们说：“我这儿有特别好吃的蛋糕，谁想吃?”坐在小椅子上的孩子们都直勾勾地看着她。其中一个小男孩说：“你是谁，我不认识你。”另一个小男孩也说：“对，我们不认识你，你是陌生人。”这时“拐骗者”说：“我是中班小朋友的家长，我家还有好多好吃的，还有好玩的，谁想去？没人想吃好吃的吗?”她又拿起手里的小蛋糕放到鼻子下闻了闻，说：“嗯，真香，谁想吃?”话音刚落，坐在边上的小男孩就跑过来拉着这位“拐骗人员”的手说：“我想吃。”“拐骗人员”说：“那和我走吧，我那还有很多好吃的。”坐在小椅子上的几个孩子喊：“不能去，她是陌生人。”可是这个小男孩还是拿着蛋糕头也不回地和这位扮演者走了。这次模拟演习是在幼儿参加过“不和陌生人走”的安全教育活动后开展的，大部分幼儿知道不要和不认识的人走，不可以吃不认识的人给的小食品。但通过模拟演习，我们发现，在食物的引诱下，自控能力差的幼儿还是会抵挡不住食物、喜欢的玩具等的诱惑。由此，我们也看出，幼儿自我保护能力的培养不是一蹴而就的，而是一个长期的、循序渐进的过程。

（6）家园合力，引导家长重视培养孩子的自我保护能力。

家园合力进行幼儿安全教育是必要的。为实现安全教育的家园合作，我们要抓好以下几方面的工作。

1）利用家长会对家长进行安全教育宣传，让家长知道本学期安全教育的内容。

2）利用寒暑假，请家长在家里与孩子进行防火演习。家长们制订演习计划、逃生路线图，与孩子一起进行防火演习。演习后，家长们还就这次的演习写了他们的心得体会。通过这种教育途径让家长参与到对孩子安全意识和自我保护能力的培养中来。利用双休日，组织家长带着孩子参观消防队，在参观的过程中孩子们通过听消防员叔叔的讲解，以及参观消防车、训练场、电话室，了解到更多的消防知识，增强了家长和孩子的消防意识，同时让孩子们学会了在火灾发生时保护自己和家人的正确方法。通过此类活动，家长在家庭中更好地对自己的孩子进行安全教育，真正做到家园合力开展安全教育。

3）我们充分挖掘家长资源，请职业为警察、消防员的家长走进幼儿园，为幼儿园的师生示范、讲解防走失、交通安全、防火等相关安全知识。同时我们在防火、防震等演习活动中请家长们来到幼儿园，让家长们学习防火、防震的逃生知识，做到家园合力，保障幼儿安全。

（7）多媒体辅助的应用，使幼儿安全意识得以增强，自我保护能力得到提高。

多媒体在幼儿园教育教学中被广泛应用，也在安全教育教学中起到了很好的辅助作用，调动了幼儿的学习兴趣，提高了安全教育的生动性。

1）教学活动中利用多媒体，提高幼儿的安全意识。我们在日常的安全活动中，通过多媒体课件辅助教学，让幼儿直观地感受到生活中的各种危险，注意安全。如小班活动“猫宝宝不见了”中，通过让幼儿观看课件，知道和陌生人走的危害，学会保护自己。多媒体课件的使用，大大增强了幼儿的安全意识，比单纯用图片去讲，效果会好很多。

2）利用系列小视频，加强对幼儿的安全教育。我们利用网络，将《幼儿安全教育动画系列》《兔小贝公益广告》《安全哥哥》下载下来，这几个安全动画内容广泛，涉及地震逃生、交通安全、用电安全、乘电梯安全、消防安全等。动画片适合各个年龄段的幼儿，同时里面有安全小提示。我们在餐前、离园前给幼儿播放，让幼儿通过观看巩固、加强安全意识，提高自我保护能力。

幼儿的自我保护能力不是通过一次情景表演、一次应急演练就能够掌握的，需要我们持之以恒地开展安全教育活动。自我保护能力是我们每个人都应该掌握的基本能力，自我保护能力对幼儿今后的健康成长，进入社会，面对人生的风风雨雨都有着非同寻常的帮助。

# 课题四　幼儿良好品德与行为习惯的培养

## 一、课题组成员信息及分工情况

### （一）课题组成员信息（见表 4－1）

表 4－1　　课题组成员信息

<table>
<tr><td rowspan="2">课题主持人</td><td>姓名</td><td colspan="2">单位</td><td>性别</td><td>现任职务</td><td>出生年月</td><td>学科</td></tr>
<tr><td>窦维杰</td><td colspan="2">天津市滨海新区海滨第一幼儿园</td><td>女</td><td>副园长</td><td>1975 年 5 月</td><td>幼教全科</td></tr>
<tr><td rowspan="3">课题组主要成员</td><td>姓名</td><td>学科</td><td>年级</td><td>职务</td><td colspan="3">单位</td></tr>
<tr><td>王洪翠</td><td>学前教育</td><td>学前班</td><td>副园长</td><td colspan="3">天津市滨海新区大港第一幼儿园</td></tr>
<tr><td>高丽</td><td>学前教育</td><td>大班</td><td>教师</td><td colspan="3">天津市滨海新区大港第二幼儿园</td></tr>
</table>

### （二）课题组成员分工情况

窦维杰：负责整个课题相关文献和其他资料的收集与课题方案的设计、实施及结题报告撰写。

王洪翠、高丽：负责制订子课题计划及实施，收集资料，整理案例。

## 二、课题详细信息

### （一）课题由来

党的十八大报告提出，把立德树人作为教育的根本任务，培养德智体美全面发展的社会主义建设者和接班人。党的十九大报告提出，要全面贯彻党的教育方针，落实立德树人的根本任务，发展素质教育。

幼儿阶段的立德树人，是培养孩子的良好品德和行为习惯。3～6岁对于幼儿来说，是个性、人格倾向和基本道德观念逐渐形成的时期，是培养幼儿良好的品德和行为的黄金时代。

目前的幼儿多是独生子女，个别幼儿由于自幼受家长的过分宠爱，养成了一些不良的行为和生活习惯，这不仅直接关系到幼儿的成长和身体健康，而且会影响幼儿的意志品质、交往能力等各方面的发展。例如，有的家长喜欢晚睡或者晚起，没有引导幼儿养成良好的生活习惯，所以不能保证幼儿按时入园，影响幼儿的正常学习及与其他小朋友的交往，久而久之可能会严重影响幼儿的学习自信心。目前一些家长中存在着重智轻德的教育观念，使幼儿从小便以自我为中心，任性、蛮横、无理。另外，还有幼儿园存在重知识传递、轻体验教育的现象，缺乏积极的道德情感的渗透和培养。

《幼儿园工作规程》（中华人民共和国教育部令第39号）明确指出：幼儿园的品德教育应以情感教育和培养良好习惯为主，注重潜移默化的影响，并贯穿于幼儿生活及各项活动之中。因此作为幼儿教师，应该积极利用一日生活，遵循幼儿道德品质和良好行为习惯培养形成的基本规律，在始终坚持德智体美全面发展的教育理念基础上，注重把德育教育与其他教育有机结合起来，并渗透到幼儿教育中，有目的、有计划地积极探索对幼儿进行良好品德及行为习惯培养的途径和方法。

### （二）课题界定

（1）品德，即个体的道德品质，也可以称为德行或品性，是个体在生活中依据一定的道德行为的规律和准则行动时所表现出来的稳固的道德倾向与人格特征。

（2）良好的品德，就其实质来说，是一种道德价值和道德规范在个体身上逐渐内化的产物。

（3）行为习惯，是在不断重复中逐渐发展养成的一种比较稳定的道德行为和倾向。

（4）良好的品德与行为习惯的养成是不断纠正和改掉坏习惯、巩固好习惯的过程。

### （三）研究目标

（1）通过问卷调查，了解幼儿品德与行为习惯的形成现状，分析形成这一行为现状的原因。

（2）探索一日生活中培养幼儿良好品德与行为习惯的有效途径和方法，从而促进幼儿良好品德与行为习惯的养成。

（3）为幼儿家庭教育工作提供新观念，保持家园一致，为促进幼儿成长创设一个良好的发展平台。

### （四）研究内容

（1）开展关于幼儿行为习惯的调查问卷活动。

主要内容是调查分析当前天津市滨海新区大港第一幼儿园、第二幼儿园的幼儿品德与行为习惯的现状。通过对发放的调查问卷进行综合分析，了解幼儿在日常生活中可能存在的品德与行为方面的问题，明确幼儿不良行为习惯的表现及形成原因。

（2）在幼儿一日生活（生活活动、游戏活动、主题教育活动）中探究培养幼儿良好品德与行为习惯的教育策略、途径和方法。

①在一日生活中培养幼儿的良好品德与行为习惯。②通过幼儿园的环境创设，营造良好学习氛围，激发和培养幼儿的自主学习兴趣，陶冶道德情操，提升修养水平。③进一步加强家园合作，共同培养幼儿良好品德与行为习惯。

### （五）研究情况

按研究时间顺序或内容板块顺序有条理地详细说明研究工作的内容以及总体情况，有详有略、有主有次地陈述了在研究的过程中我们做了什么、怎样做的。

**1. 准备阶段（2017 年 9—10 月）**

首先，对课题组教师进行培训，提高教师对本课题的认识和基本理解。

其次，定期组织课题组教师进行课题理论和实践学习，明确本课题的研究背景、内容和目的，提升本课题组成员的理论和实践水平。

最后，课题组教师结合所带班级幼儿存在的问题，确定子课题，并进一步研究子课题的具体实施计划以及子课题需要解决的实际问题。

**2. 实施阶段（2017 年 11 月—2018 年 11 月）**

（1）发放家长调查问卷，并进行分析。

课题组教师分别为课题组设计了小、中、大班家长调查问卷，分别对天津市滨海新区大港第一幼儿园和第二幼儿园的 200 名幼儿进行了问卷调查（问卷由其家长填写），回收调查问卷 187 份。经过课题组教师的调查问卷汇总和分析，发现存在以下问题：小班 45% 的幼儿不能自己的事情自己做，总是依赖于家中大人；41% 的幼儿不愿意与别人打招呼。中班 32% 的幼儿不愿意遵守学校等公共场所的规则和秩序，有随地吐痰、折花草等现象；47% 的幼儿不能真正做到离开集体或家长后主动与其他人打招呼。大班 38% 的幼儿不能自觉遵守本班和幼儿园各项规则，控制不好自己的情绪和行为；40%的幼儿做不到尊重长辈，不懂得尊重和感恩。课题组教师针对不同年龄组幼儿的情况和出现的问题进行了理论上的研究，对课题研究计划也做了相应调整。子课题组的教师，结合所带班级幼儿存在的情况和问题，确定了研究目标，明确了子课题的实施方向与研究重点。

（2）确定良好品德与行为习惯培养的主要目标和内容。

根据小、中、大班幼儿年龄特点，结合幼儿园实际情况，研讨并制订了幼儿园小、中、大班幼儿良好品德与行为习惯的培养目标和研究实施内容。内容大致分为生活习惯、卫生习惯、学习行为习惯、礼仪行为习惯、安全行为习惯、品德行为习惯六个方面。

（3）围绕子课题的内容进行深入研究。

在确立了相应的子课题研究与实施方案后，在与教师们的交流、碰撞中，我们明显发现，当初确立的子课题有些偏大。综合大家意见，把子课题的研究内容进行细化，这样更便于课题深入研究与组织实施。如针对幼儿在长辈面前发脾气，对长辈不尊重，不懂得维护幼儿园卫生和爱护幼儿园玩具，得到别人的帮助不懂得说声“谢谢”等现象，确立了一个相应的子课题，即“主题活动中幼儿良好品德与行为习惯的养成教育”，针对存在的这些问题我们进行有意义和有目的的深入研究，找出了解决策略。我们还进一步制订了相应的子课题“在游戏活动中培养幼儿良好品德与行为习惯的策略与方法”“培养幼儿良好品德行为习惯的有效策略”等。

（4）抓住契机，将品德教育课题的研究融入幼儿园一日生活。

我们在研究过程中，要根据幼儿的年龄特点，从常规教育入手，使品德教育与生活实践相结合，做到随机教育。如教师时刻鼓励幼儿自己吃饭、穿衣、叠被子，自己的事情自己做，并及时与家长沟通幼儿表现。经过一段时间的尝试，幼儿不仅爱劳动了，做事也主动了，良好的生活、学习习惯也随之养成了。我们要把品德教育渗透到幼儿的衣食住行、言谈举止等生活的各个方面，为幼儿良好品德的形成打下坚实基础。比如在“让感恩开花”主题活动中，“今天你感恩了吗”的温馨字条到处都是，一走进门，幼儿便清楚地知道向老师问早、问好。餐厅中的“今天你感恩了吗”字条不仅提示幼儿一定要将饭菜吃干净，还要做到自己把碗里的残渣刷干净，漱口，再将碗交到老师手里，并说声“谢谢”。晚上，幼儿回到家里便进行了“今天你感恩了吗”活动打卡，内容主要为自己的事情自己做、帮助家人做力所能及的事情。通过“让感恩开花”主题活动，感恩已经发展成为幼儿的一种良好习惯。因此，我们认为幼儿在日常生活及主题活动中的参与最基本、最直接，它的重要性和教育效果也是显而易见的。

（5）做好对幼儿良好品德与行为教育的案例收集与分析。

在我国幼儿教学研究的发展过程中，对于幼儿的研究越来越受到重视，基于幼儿、发现幼儿、理解幼儿已经成了教师对幼儿教学观察分析研究的重要前提和保障。只有对幼儿有更充分的观察和认知，只有观察和熟悉幼儿的一举一动，才能充分引发教师的理性思考，树立以幼儿为中心的观念，并不断将优质的幼儿教育成果作用于幼儿。

对幼儿教育个案的观察分析研究是一个很好的研究幼儿教育的方法，我们积极开展对幼儿良好品德与行为习惯个案研究的实践尝试，并在个案研究的实践过程中进行观察、记录、分析，找寻合适的策略，并转变幼儿的不良行为。

**3. 总结阶段（2018 年 12 月—2019 年 1 月）**

学期末，各参与人员进行一次阶段性课题小结，概括提炼一些阶段性的成果，包括个案问题分析、策略集等。汇总所有的研究资料，撰写结题报告。

每双周各班进行一次阶段性课题小组碰头会，汇报课题进展情况，出现的问题及解决方法。将发现的问题拿出来进行集中研讨分析，大家讨论解决问题的策略和方法，达到交流分享、学思共鉴的目的。每月还要进行一次大的集中研讨，对于大家提出的阶段性问题，归纳汇总，分析问题价值，以反思为主，探讨问题解决方案，必要时对课题进行适当的调整。调整后的效果在下次课题小组会上介绍。月末再进行课题小组反思，将工作中发现的阶段性问题、指导策略、采取的具体解决措施、产生的效果等都写成书面材料，交流分享，为我们的课题库管理储备过程性资料。

### （六）研究结论

（1）立足一日生活，让良好品德与行为习惯的培养润物无声。

幼儿良好品德与行为习惯的教育和培养不是一朝一夕就能完成的。良好品德与行为习惯的培养应渗透在幼儿一日生活的各个环节，做到与幼儿园环境的教育整合、与区域活动的教育整合、与随机活动的教育整合、与户外活动的教育整合、与一日生活常规的教育整合等。幼儿园通过这些养成教育活动的组织与整合，使幼儿从小养成良好的行为习惯，为其终身的教育和健康发展打下基础。

在幼儿良好品德与行为习惯的培养实践中，我们将一日活动各个环节作为指导和实施幼儿养成教育的一个主渠道，从观察幼儿外在行为的养成过程入手，深入浅出地分析其原因，探讨适宜的养成教育方法。如根据幼儿心理、年龄特点以及发展情况，制定了在衣、食、住、行及与人交往等方面幼儿应有的文明行为和好习惯的养成标准，比如自己动手穿衣、吃饭、叠被子，饭后会自己收拾餐具，离开座位时会收椅子，活动结束后会自己整理好生活用品等，使得幼儿从小养成良好的生活和行为习惯。

良好的入园礼仪和行为是幼儿在健康成长中必须掌握和习得的一项启蒙本领。特别是在幼儿园，幼儿应该做到早晨入园时能主动和老师、小朋友问“早”或者问“好”，离园时知道和身边的老师、小朋友主动说“再见”；游戏时，要找别人借东西，知道先和别人商量；接电话时知道要用“请问”“稍等”等礼貌用语。在幼儿园一日生活的各个环节中随时随地都有对幼儿进行养成教育的机会存在。所以，在与幼儿朝夕相处的过程中，教师应随时随地对幼儿进行引导，用自己的知识和实际行动去影响和带动幼儿的良好品德与行为习惯养成。

（2）立足环境创设，让良好品德与行为习惯的培养潜移默化。

环境对于幼儿的品德与行为习惯的养成的影响是潜移默化的，幼儿良好的品德与行为习惯的培养需要一个良好的教育环境。从幼儿的健康成长视角出发，积极为幼儿营造生活化的行为习惯养成教育环境至关重要。从尊重、关注、爱护每个幼儿的行为角度出发，营造一个和谐交融、愉悦温馨的人际交往环境，能促进幼儿在和谐温馨的养成教育氛围中健康成长。例如，在幼儿园的教室、游戏区域、走廊都有良好的养成教育环境内容，让幼儿时时身处良好的养成教育氛围环境之中，提醒幼儿园的孩子们注意安全、遵守日常生活秩序，由传统的他律变为自律。如门旁有“小心夹手”“小心地滑”的安全标志；保温桶旁有“小心接水”和“节约用水”的小提示；班级醒目地方有孩子们一起制定的班级公约、进区规则、“我是值日生”、“我是小礼仪”等。结合主题活动定期进行主题墙饰互动，比如在“我升班了”这一主题活动中，孩子们通过讨论，明确升班后自己应该怎样做才像一个哥哥姐姐，如何做到遵守游戏规则，并将讨论结果以绘画和照片的形式布置在墙饰上。主题活动“各行各业”中，在“警察局”区域布置了庄严的国徽、国旗、警服，幼儿在整个活动过程中能潜移默化地产生爱国情怀。为使幼儿养成主动喝水的习惯，特别在墙上设置了“汽车加油站”，喝几杯水，就在车上放几个小油桶，使幼儿由被动饮水变得积极主动。睡眠室的墙上，一个安静熟睡的小动物装饰非常形象，温馨的图示提醒孩子们一走进这个睡眠室就要保持安静，午睡时一定要安静。还有，盥洗室的墙上有“七步洗手法”的温馨提示图，步骤清晰明了，幼儿易学易懂。厕所里男孩小便池和女孩小便池旁边，有三种尿液颜色的温馨提示，幼儿看到颜色便知有没有喝够足量的水。楼道、走廊旁有“上下楼梯靠右行走”“见面主动问声好”“请用文明用语”等标志。这些温馨的提示犹如一位会说话的小指挥官，提醒幼儿树立应有的价值观并养成良好行为。

（3）立足于主题教育活动，让良好品德与行为习惯的培养春风化雨。

将幼儿良好品德行为习惯的培养贯穿于主题教育活动中，充分挖掘其核心价值，在为幼儿制订主题活动计划时，要将良好品德与行为习惯的养成教育和核心价值观有效分解，落实到主题活动实施的各环节，发挥了幼儿学习的积极性与工作的主动性，使得幼儿以积极的生活态度参与活动，养成良好的品德与行为习惯，促进了幼儿健康个性的形成。

区域活动以“程程和文文帮助来园较晚的路路脱棉裤，而路路却没有感谢”为例。分享环节，我先请幼儿看图片，问：“图上发生了什么？如果你是路路，应该怎么做？”孩子们争先恐后地发表自己的见解，都说路路应该说“谢谢”。我便告诉孩子们：“这种对别人的帮助产生回报的行为，就是感恩，我们应该常怀感恩之心。那么你们说一说平时遇到哪些事情应该感恩呢？”孩子们便开始了发散性回答：“老师每天都教我们很多知识，我们应该感恩！”“爸爸妈妈每天给我们做饭，我们也应该感恩。”“保安叔叔天天站在门口守卫，我们应该感恩。”后来徐同学说：“让感恩无处不在，要像花儿一样美丽！那我们的主题活动就叫‘让感恩开花吧’！”就这样，路路得到帮助却没有说“谢谢”引发的主题活动“让感恩开花”应运而生。为了让孩子们时刻记住感恩、做到感恩，班内所有醒目的地方都贴上了“今天你感恩了吗”的提示字条和感恩照片。这样，无论是班级里，还是教室外游戏区域，甚至是洗手间，都有时刻提醒着孩子们要怀有感恩之心的内容。孩子们已经形成习惯，变得谦逊有礼，温暖有爱。早晨来园，孩子们会主动和老师、小朋友击掌问好；区域活动时，孩子们会经常对帮助自己的小朋友说“谢谢”；每次开展“鲜果时光”活动时，小朋友切好水果并做好拼盘呈现在大家面前时，其他小朋友会站立鞠躬感谢他们的辛苦工作；饭后漱完口后，幼儿将碗递给保育老师时也不忘跟老师道一声“老师，您辛苦了！”当主题墙饰展示出孩子们的感恩照片时，他们便看着照片给同伴讲述自己的感恩故事。教师把故事记录下来做成感恩故事集，供家长们传阅。为让孩子提高自理能力，在家也能懂得感恩，园所还开展了“今天你感恩了吗”的家园互动活动。活动记录表分为三部分：第一部分是感恩的内容（用笔画下来，这部分在幼儿园完成）；

第二部分是实际表现（用“√”和“×”表示，在家完成）；第三部分是家长评语。活动过程中，孩子们懂得了自己的事情自己做也是一种感恩，比如自己穿衣、吃饭、洗袜子、洗澡、整理房间，帮忙扫地、擦地、洗碗、择菜、做蛋糕和煎饼，甚至有的孩子每天为爸爸妈妈挤好了牙膏再上床，孩子们在每日体验中感受到了劳动的快乐和成就感。感恩活动要求家长把每天感恩活动开展情况拍下来并传到孩子班级 QQ 群的相册中，有图有真相。自第一次活动正式开展以来，感恩行动已经逐渐成为孩子们的习惯，家长们经常来园夸赞自己的孩子长大了，懂事了，活动让孩子做事更懂得坚持了。

在主题活动“快乐骑行”中，孩子们在区域中活动的时候，自己根据计划选取材料，当别人遇到困难的时候主动去帮忙。活动结束时，把所用材料一一收拾干净、摆放整齐。他们说：“因为老师每天太辛苦，不能再给老师添麻烦。”

幼儿良好的品德与行为习惯不是一朝一夕就可以养成的，而是一个长期的、循序渐进的过程。开展主题教育活动是为了充分满足幼儿成长和发展的基本需求，同时要做到教师与家园的配合，让幼小的孩子们能够在主题教育活动宽松的活动氛围、文明有爱的环境中收获良好行为和生活习惯，并受益终身。

（4）立足游戏活动，让良好的品德与行为习惯的培养耳濡目染。

著名的教育家马卡连柯在一次谈到幼儿的游戏时曾表示，孩子们在游戏中是怎么样的，当他长大后在工作中很大程度上也是这样的。

游戏活动是幼儿一日生活的基本内容，幼儿在玩的过程中学习和成长。一日生活中，游戏活动占据了一大部分。教师在游戏过程中对幼儿进行品德教育，让他们在游戏中体验，从游戏中的扮演、模仿，转化为实践，在体验中逐渐养成习惯。

在“娃娃家”游戏中，孩子们有的扮演妈妈，有的扮演爸爸，有的扮演孩子。幼儿在游戏中亲身体验到了爸爸妈妈不仅工作很辛苦，而且要照顾孩子，感受到了爸爸妈妈每天的辛勤付出。幼儿还通过游戏感受了孕妈妈的辛苦。游戏中，每个幼儿都在肚子里塞了枕头，然后带着这个枕头上下楼、参加户外活动、睡觉、吃饭，体验妈妈怀胎十月的艰辛，从而让孩子们学会关爱自己的父母、体谅自己的父母，愿意帮父母做些力所能及的事情。

数学游戏中，两个幼儿为了给同伴量出准确身高，一个扶着尺子，一个精心测量，相互合作、帮助；户外玩滑梯时，幼儿互相谦让，排队玩滑梯；在制作跨栏玩具时，由于姗姗迟迟找不到胶带的开头，浩浩和文文马上跑过来帮她找；为了感谢全园家长为班级小朋友带来的玩具和纸箱、纸盒等废旧材料，全班小朋友一起给家长们写了一封感谢信，由三个小朋友代表一起把感谢信贴到了院子里。幼儿在游戏中受到良好的品德教育，逐渐形成了为班级、为他人做好事的好风尚。游戏活动能帮助幼儿学会分享，也可锻炼幼儿的自我控制能力和良好的意志品质。为了共同参与并玩好一个游戏，幼儿逐渐懂得了相互帮助、友好合作的重要性。可见，通过游戏活动来培养幼儿的良好品德和行为习惯，能使幼儿耳濡目染，效果甚佳。

（5）立足于家园合作，让良好品德与行为习惯的培养落地生根。

幼儿良好的品德与行为习惯仅在幼儿园里培养是远远不够的。家庭必须做到与幼儿园步调一致，同步开展教育，才会产生良好效果。因此，园所通过亲子活动、幼儿园公众号、家长开放日、微信群、QQ 群等多种方式向家长宣传幼儿良好品德与行为习惯养成教育的重要性，让家长从思想上重视幼儿的养成教育，使幼儿在园形成的良好行为习惯在家里也得到巩固与同步发展。

1）提高家长意识。以前，多数家长对孩子都是包办代替，他们常常认为孩子不会做、做得慢，因此帮孩子完成。作为教师，要及时召开家长会，转变家长观念，让家长懂得尊重幼儿的年龄特点和学习规律，保护幼儿的好奇心和求知欲，多给幼儿动手的机会，逐步培养幼儿的良好品德与行为习惯。告知家长要积极配合幼儿园的各项活动，做到家园一致，让幼儿健康快乐地成长。例如，每天的“今天你感恩了吗”的活动打卡要坚持，家长也要每天对孩子表现进行评价。

2）家长做好榜样。家长在日常生活中的良好行为习惯直接影响着幼儿，会对幼儿成长产生积极的教育强化和引导作用。如长荣爸爸作为幼儿园家长委员会会长，对幼儿园的所有活动都十分上心。长荣看在眼里，因此，他非常关心班内小朋友，当别人做不好手工制作时，他会主动过去给予帮助；当别人表演缺乏道具时，他会帮其寻找适宜工具替代。紫妍妈妈是个热心肠，她经常为班级做教具、帮老师收班服费等，紫妍看在眼里，记在心里，她也会经常帮助那些需要帮助的小朋友，还经常带领小朋友主动为班级做好事。耳濡目染之下，家长日常的简单行为都影响着孩子，给孩子起到了一个很好的榜样作用。

3）开展家长助教活动。请有专业特长的家长到幼儿园助教。比如请在大港公园上班的志贤爸爸来介绍大港公园里有哪些娱乐项目，如何购票，游玩每一个项目的时候应注意的安全事项以及怎样爱护游乐设施和公园的一草一木。再比如，邀请交警梦瑶爸爸来幼儿园讲述怎样遵守交通规则，普及各种交通安全常识，明确遵守交通规则的重要性。幼儿园邀请了心理咨询专家宇东妈妈到幼儿园进行了“关注幼儿心理需求，让幼儿健康成长”的幼儿家庭教育讲座，使更多的家长了解和关注幼儿的各种心理需求，挖掘幼儿在日常生活中出现的一些不良行为的背后原因，有针对性地进行引导教育。

4）开展亲子活动。为了更好促进幼儿与家人间的情感交流，开设相关亲子活动，增进亲子关系。例如，“三八”国际妇女节期间，幼儿园开展了“我为妈妈洗脚”的亲子活动，通过说一句表达情感的话，以及为妈妈洗脚的具体行为，让幼儿懂得爱妈妈就要付出行动，使家长也感受浓浓的亲情；重阳节期间，邀请奶奶爷爷来园，为他们献上一杯茶，帮他们捶捶腿、揉揉肩，让老人感受隔辈人的爱，增进亲子感情。感恩节，幼儿会将自己编织的围巾给亲人戴上，让亲人感受孩子暖暖的爱。

5）开展家长分享交流会。家长分享交流会根据主题活动需求和幼儿活动现状开展。会议形式就是一个或多个家长介绍好方法、好做法，然后集中交流、探讨，达到互相学习、互相促进的目的。例如，在“让感恩开花”的主题活动中，我们及时召开了家长分享交流会。会上，徐奶奶激动地说：“我这孙子啊，真是太孝顺了！自从班里开展‘特色小吃’活动以来，他学会了做煎饼，每周六、日的早晨，都是孙子为我们全家做煎饼。不仅做早点，他还帮着照看小弟弟、收拾屋子、照顾花草，一下子长大了很多，我们可高兴了！”王妈妈也高兴地说：“是啊，我家孩子也是这样！每逢周末就是他为我们做早点，切小菜放在饼里边，还真像那么一回事儿！”小平妈妈也迫不及待地说：“小平一回家就关切地问候我们，上了一天班虽然很累，但当听到这句话的时候，我们心里暖乎乎的，一切疲惫都抛到了九霄云外。他还懂事地帮我们择菜、洗菜。幼儿园开展的这个主题活动真好，我家小平完全变了一个人！”其他的家长也纷纷表示：自家孩子以前从不喜欢干活，现在每天收拾自己房间，都形成习惯了；自家孩子自己的事情自己做，不让别人帮忙，有时还指导我们正确刷牙……倾听着家长们的心声，我们深深感到主题活动给孩子带来太多的快乐和收获，他们在主题活动中逐渐养成了良好品德和行为习惯，这为其一生的健康发展和成长奠定了坚实基础。

然而，幼儿良好品德与行为习惯并不是一朝一夕就能够养成的，需要幼儿园、家庭长期共同配合。这样才能真正实现家园共育的最终目的，让幼儿良好的品德与行为习惯的培养真正落地生根。

### （七）收获与效果

（1）在课题研究的近一年半时间里，我们积累了小、中、大班幼儿养成良好品德与行为习惯的具体内容，为有效开展教育教学工作做好铺垫。

（2）在课题研讨过程中，我们积累了幼儿培养良好品德与行为习惯的相关指导策略，可应用于今后教学工作实践。

（3）在教师、幼儿、家长的共同努力下，幼儿初步形成了良好品德与行为习惯，我们会在今后的实践工作中，与家长共同努力，继续将培养幼儿良好品德与行为习惯的工作深抓下去。

（4）通过参与课题研究，教师提高了自身的教育感染力和专业素质。通过理论学习、小组探究、实践操作、反思调整、归纳总结进行言传身教，遵循“德高为师、行为示范”的原则，教师不断成长，素质明显提高。

（5）积累了幼儿良好品德与行为习惯的培养的优秀案例和相关论文，宝贵资源可供其他教师学习借鉴。

## 三、参考文献

［1］佚名．浅谈如何在幼儿教育中渗透德育［EB/OL］．［2019－08－10］. https：//www. xzbu. com/9/view－968642. htm.

［2］俞佳婵．品德教育与幼儿良好行为习惯的形成与培养［J］．科学大众（科学教育），2013（12）．

［3］易冰．幼儿文明礼貌习惯养成教育研究［D］．长沙：湖南师范大学，2005.

# 课题五　在主题性区域活动中，提升教师观察及评估能力的实践研究

## 一、课题组成员信息及分工情况

### （一）课题组成员信息（见表5－1）

表5－1　　课题组成员信息

<table>
<tr><td rowspan="2">课题主持人</td><td>姓名</td><td colspan="2">单位</td><td>性别</td><td>现任职务</td><td>出生年月</td><td>学科</td></tr>
<tr><td>刘俊香</td><td colspan="2">天津市滨海新区大港欣苑幼儿园</td><td>女</td><td>园长</td><td>1977年11月</td><td>幼教全科</td></tr>
<tr><td rowspan="3">课题组主要成员</td><td>姓名</td><td>学科</td><td>学段</td><td>职务</td><td colspan="3">单位</td></tr>
<tr><td>王雪梅</td><td>幼教全科</td><td>幼儿园</td><td>园长</td><td colspan="3">天津市滨海新区大港古林幼儿园</td></tr>
<tr><td>谢金芬</td><td>幼教全科</td><td>幼儿园</td><td>园长</td><td colspan="3">天津市滨海新区海滨第一幼儿园</td></tr>
</table>

### （二）课题组成员分工情况

刘俊香：参与实践研究指导工作，在实践研究过程中，聚焦具体问题，对教师进行研究指导，同时组织教师，分配参与实践研究工作的教师

的研究任务，撰写实践研究实施方案并亲自主持规划研究的具体过程，对各个课题教学研究的组织实施进行前期全面化管理，收集、汇总和整理小组成员所在园所的相关信息，承担上级课题重点研究中学术报告的收集整理与编写工作，与课题研究上级主管部门保持密切联系。

王雪梅：以所在园所为研究基地，督促、检查、参与教师研究工作，为相关教师日常研究工作提供常态信息资源、研究活动场地等，承担部分教师阶段性研究工作成果的梳理工作，进行相关教师的第一手工作资料的收集、整理、保管，相关数据统计分析及资料汇总、分析。

谢金芬：参与一线研究指导工作，组织教师定期进行专项的一线研究工作讨论及专题学习，指导教师解决一线研究工作过程中的具体研究问题，负责教师课题教学研究中相关资料、教师研究成果的收集、整理及教师课件的保存，同时承担部分教师阶段性研究经验的收集、梳理和研究方法的探索、总结等工作。

## 二、课题详细信息

### （一）课题由来

随着我国幼儿园教育管理、课程教学改革、教育实践理论研究的不断深入，教师在更新教育教学理念、教育教学行为、教师角色定位的同时，其日常教学也更加趋向于促进幼儿多元化领域教育融合及全方位自主。这是一种复杂多变、教无定法的幼儿教学管理情境。于是，主题性区域活动中，引导教师主体观察的科学客观性及针对具体实际情景解决问题的主观预见性、执教教育策略的科学开放性等多方面因素，成为教师开展幼儿文化教育的重要前提和较为科学的理论依据。

了解适龄幼儿的心理发展水平和成长特点，通过观察、研究分析找出适龄幼儿在区域性教学活动过程中的各种个性表现，根据观察和研究结果来组织研究设计及开展新的幼儿教育教学活动，这些都是充分保证教学适宜性和教学有效性的重要前提。国内外多项幼儿园教师的相关专业评定标准将教师观察能力和对幼儿发展行为解读的能力，作为教师职业必备的专业服务能力之一。

我国的《幼儿园教师专业标准（试行）》也同样要求幼儿教师必须能有效运用对幼儿观察、谈话、家园联系、作品案例分析等多种方法，客观地、全面地了解和评价幼儿。美国幼儿教育协会颁布的《早期教育专业人员准备标准》则明确要求幼儿教师要具备了解每个幼儿、系统性地观察幼儿、记录其行为以及应用其他有效的幼儿评价方法的能力，并能学会在实践中正确使用这些评价方法。

国内外的实践教学研究中也多次明确提出基于教师工作观察与幼儿评估的课程体系构建，但是教育一线的幼儿教师往往受到更多实践管理层面的日常繁杂工作的严重影响，观察与评估这个环节则往往受到严重忽视以及开展时间上的限制。由此，我们提出本课题并进行深入研究，探讨提高教师观察力和评估能力的具体对策。

### （二）课题界定

幼儿教师教学观察及分析评估能力，是专业技术素养的重要组成部分，《3—6 岁儿童学习与发展指南》《2016 版幼儿园工作规程》颁布以前，我国已有较完备的传统课题研究及教学成果共享体系，但是随着课程教育改革中主题性活动区域融合发展日趋完善，幼儿学习与发展活动的主动性及教师教育观念的灵活性转变，原有的观察与评估活动停滞不前。因此，本着研究要落地的原则，本课题结合本地区的教改进展，重新研究出一套适合本地区教师实践、适合本地区教研特色的教师观察与评估能力提升的附着点，摒弃原有固化模式，使教师能充分走进幼儿世界客观观察、科学评估。

### （三）研究目标

通过现场调查分析，了解教师在同一主题研究背景下的幼儿区域教学活动中如何实施主体观察理论分析；通过对理论知识的深入解读，有效帮助教师提升主体观察分析能力，寻找应对策略和解决方法；在幼儿教学观察实践的研究过程中，最大限度地提升教师的主体观察意识，发展观察潜能，提升教师作为观察员对幼儿在互动游戏中行为表现的观察能力；探究区域活动中教师对幼儿的观察记录方式和相应的评价体系，从而使观念得以更新，业务水平和教育科研能力随之提高。研究中，构建出主题性区域中教师观察预评估的项目提示与方法体系，从而形成本土化、实用性强、应用广泛的观察与评估运行机制，整体提升教师的观察、评估能力。

### （四）研究内容

一是调查了解广大教师在主题性区域活动中的观察与评估方面存在的实际困惑与问题；二是分析在主题活动背景下，影响教师观察与评估能力的主要原因，提出具有针对性的解决办法；三是在实践中培养与指导相结合，提供教师观察具体情境的客观依据及学习科学解读的理论支撑；四是教师转变观念，从观察入手，为教育策略提供现实基础，在构思中提升教育智慧；五是在研究的过程中，不断收集幼儿学习故事、教师观察与引导的一手资料，积淀与丰富研究者自身的研究与教育能力，从而促进自身专业成长。

### （五）研究情况

本课题按研究内容及板块模式深入开展研究，其间个别研究阶段能将研究实践活动深入推进，进行多次颠覆式、循环式的深入挖掘、剖析、研讨、经验沉淀等。每个阶段研讨小结及研究成果分析汇总后，教师们进行分享与交流。多所公立幼儿园通力配合，本课题研究日趋成熟，达到实践掌舵、研究控航、科学追溯的行为研究高度。

**1. 课题的提出与申报**

2017 年 6 月提出“在主题性区域活动中，提升教师观察及评估能力的实践研究”的课题。

**2. 批准立项时间、级别**

2017 年 7 月确立研究课题，我们开始进行本课题的实践研究。

立项级别：北京师范大学滨海新区“三名工程”培训班。

**3. 开题工作**

2017 年 7—8 月，我们制订了课题研究方案，组织成员参加“三名工程”培训，邀请教科室徐升恒主任、教师进修学校张丽老师来园指导。同时，我们进行开题并收集课题相关资料，参会教师 80 人。

**4. 研究过程**

力求研究在日常：此次研究主题深入课题组每一位教师的内心，日常行为中的行动研究成为基地园典型的教研特色，也令基地园成为广受社会认可的园所。研究的过程给广大教师带来了推动力，研究的一次次阶段性提升，也使教师的行为与思考更加系统化，在“授人以鱼，不如授人以渔”的行为宗旨指导下，教师教育教学能力得到提升，教师研究能力与研究意识得到开发，教师教育行为与策略有所突破。

力求研究抓重点：日常研究以研究教师观察的策略为重点，以通过观察评估分析为幼儿构建新经验为研究重点。

力求研究严谨化：整理并保存日常研究材料、检查数据分析的依据、密切观察与加速教育行为的转变、形成个案教学故事、改革教案中的评价环节、加大故事会评比中教师解读幼儿视角的测评比重……

课题研究系列活动按课题研究工作进度安排有序实施，过程中开展了多系列、多层次的观摩、培训、研讨。课题组成员将研究意图及研究表格投入实践，鉴定并对比本研究的主要成果的可实施性，产生了更加具有说服力的大数据及量化依据。

（1）科学管理、周密制订方案，确保课题顺利开展。

现代管理科学认为：人是最重要的因素，是管理中的核心。创新地进行师资队伍建设，是办好一所幼儿园，提高工作质量的保证。为了进一步做好课题研究，课题组一方面制定行之有效的课题管理制度，另一方面形成强有力的课题研究工作网络。

2017 年年初，我们通过前期的调查，研究制订了课题实施方案；自课题开始实施后，课题小组召开了多次会议，完善课题研究制度，制定完善的课题研究管理制度，严格按照制度执行；明确了课题组成员分工，清晰地呈现出主体性区域活动中教师有效观察与指导的课例清单。

（2）以实践研究为依据，确立活动的观察项目及要点。

课题组成员全面培训，主要引领教师明确在主题性区域活动中如何观察，观察什么。会观察的教师能够在活动中看到幼儿行为与发展的关系，能够从幼儿发展的角度对幼儿的行为进行思考，并及时对观察的现象进行记录与分析。经过多次的实践及研讨，我们不断探讨办法，在实践—总结—再实践—再总结的过程中确立并完善了活动的观察项目和观察要点。

（3）以应用验证为手段，提高教师在主题性区域活动中的观察能力。

观察为教师反思提供了生动而真实的第一手资料，是成功反思的基础。通过对活动的观察要点的把握，教师观察的目的性加强了，观察的效果提升了。

从观察要点入手，关注幼儿兴趣点，形成新的教育观点；观察幼儿、了解幼儿，从旁观和合作开始。

### （六）研究成果与效果

幼儿的转变显现出教师的转变，教师的转变即是幼儿的转变。通过一段时间课题研究的实施，帮助教师成长，促使其向研究型教师转变。

（1）让幼儿的学习看得见，教师评价使幼儿隐形行为明朗化（被解读）。

当下幼儿园教师的核心素质是观察幼儿、解读幼儿。

教师了解幼儿最直接的方式是蹲下身体跟幼儿交流。

面对幼儿的美术创作，教师要追问三个问题：①幼儿画了什么？②幼儿大概想表达什么意思？③从幼儿画的作品和他说的话当中，可以解读出哪些具体的发展信息？

（2）幼儿的发展评价有两种依据，教师评价使教育行为有抓手。

法理依据：《幼儿园教育指导纲要》《3—6 岁儿童学习与发展指南》等，理论常规模型。

现实依据：本园同年龄段幼儿平均发展水平，称为现实常规模型。

（3）关注幼儿意图，主动学习师幼互动，使教师评价落地生根（有意义）。

什么是意图？如果对“意图”这个词并不陌生，那么教师又是否关注过幼儿的意图？师幼互动介入游戏是难点，一些教师从来没有真正关注或理解过幼儿的意图，却以教育的名义，以各种看似合理的方式，代替幼儿做决定和选择，剥夺了幼儿自主游戏的权利。

那么，如何了解幼儿的意图？

幼儿也能做计划？游戏前做计划就是贴贴纸，填表格？幼儿在活动室里的成长有赖于教师平时对幼儿的观察，游戏前做计划只是为了激发幼儿兴趣，关键还是师幼互动的策略。

妙计之一：计划四问。你想玩什么？你想用什么玩？你想去哪里玩？你想和谁玩？

妙计之二：扫描优先级。

· 发生冲突的幼儿（判断是否有情绪或受到伤害）

· 闲逛的、无所事事的幼儿

· 在教室里跑，可能造成伤害的幼儿

· 找老师展示作品的幼儿

· 主动寻求帮助的幼儿

妙计之三：介入慎言。管住嘴、管住手、瞪大眼睛、竖起耳朵。

了解幼儿的意图，教师要做一名参与和支持者，而不是领头者！

（4）有效支持幼儿实现自己的意图，教师不是为了评价而评价。

1）把成功让给幼儿，支持幼儿实现自己的意图。

师幼互动10大支持策略：

①在幼儿需要的时候，和幼儿一起玩；

②蹲下来，和幼儿在同一高度游戏；

③模仿幼儿正在做的事情；

④跟随幼儿的想法，扮演幼儿需要的角色；

⑤通过描述幼儿正在做的事情发起谈话；

⑥把谈话的控制权交给幼儿；

⑦重复和重构幼儿的话，认可幼儿的话；

⑧积极响应幼儿的话；

⑨不要问太多问题考幼儿；

⑩可以适当问开放性问题，了解幼儿的意图。

2）开放性材料游戏来自主动学习的真实观察与评价。

①当开放性材料遇到集体教学和传统评价。

重点1：基于观察的评价，不是测试。

重点2：感性评价还是理性分析？

重点3：观察记录越详细，评价才越全面。

重点4：随意观察再评价，还是带着目标去观察？

重点5：观察评价一定跟随建议和效果吗？

②如何真实有效地观察和评价。

法宝1：一本关于儿童的“字典”——幼儿观察评价量表（COR）。

法宝2：“身体记忆+愉快情绪=熟练掌握”。

法宝3：项目优先级。

法宝4：数据整理。

正如从“知道了”到“做到了”还需要很长一个历程，真实观察和评价的理解和运用同样需要不断熟悉和练习。将幼儿观察评价量表真正内化于心，教师们就真的有准备了！

## （七）研究结论

本课题组在整个课题研究过程中，始终坚持脚踏实地，立足于真切问题，以解决问题并提升研究能力为出发点，在行动研究中，提升课题本身的研究价值并力求将研究价值最大化，取得了以下实践性研究成果。

（1）注重探寻过程中的“研究即提升”的效应，以基地园为核心，在其他园为辐射园的共同体研究对照下，在教研员的积极配合与指导下，形成整体联动。

（2）编写教案、教学故事等多项文案，体现教师在主题活动背景下，打破固有模式，进行幼儿评估的多项改革，并形成成果推广。

（3）从教师教育解读评价意识的转变到教师在执教过程中的行为转变，吸纳广大一线教师的建议，形成系统性的、从隐性到显性的观察记录表、即时影像、追记故事集等。

（4）追踪教学园长平台对研究组教师的评析，得出结论：实验组教师在幼儿行为的认知、游戏行为的价值判断、成人高效介入等多种教育策略方面得到更高评价。

在观察评估中，教师必须掌握的策略包括以下几个方面。

第一，教师要学会识别幼儿有意义的行为。

教师应将重点放在看和听上，将注意力放在关注幼儿的个性、各个领域的发展状况、应对困难的态度和解决问题的方法、深层次的兴趣和爱好以及正在建构的知识和能力等内容上，教师如果能从日常的行为中识别和捕捉到这些，就意味着已经具有一定的观察意识。有了良好的观察意识，教师对孩子的行为表现会更敏感，也愿意用观察来发现问题，观察能力自然也就得到了提升。

第二，采用适宜的观察记录方式。

在观察记录中，文字并不是唯一的选择。符号、图片、视频、音频，还有对幼儿作品的评价都具有记录功能。所以，教师们要结合自己当时的工作状态，采用适宜的方法进行记录。实践研究中我们得出：高质量的记录应该既简洁又能够涵盖主题性区域活动中幼儿的信息。

第三，有调整观察目标的能力。

依据《3—6 岁儿童学习与发展指南》来确定不同年龄段幼儿观察的目标、重点和切入点。幼儿的活动和教师的观察都是一种持续的行为，而我们的教育实践是“观察发现问题—分析问题—寻找解决的策略—实施策略—再次观察检验策略的有效性”的循环往复的过程。所以，这就需要作为观察者的教师具备根据问题、根据幼儿在主题性区域活动中的表现，分析解决问题，并对观察目标进行调整的能力。从教师设立观察目标，到观察目标，再到逐步地聚焦目标，范围缩小了，这样就提高了观察的有效性。

主题性区域活动使教师观察及评估能力得以提升。

基于幼儿主题性区域活动现场的观察，教师真正做到以幼儿发展为中心，显示出教师的核心专业能力，以及观察、理解幼儿行为的能力。

采取连续性观察。便于教师收集丰富的幼儿发展信息。连续性观察也包括计划性和非计划性的，不管是什么性质的，我们从连续性观察的角度来看，它的本质是一样的，它的最大价值在于让老师分析理解幼儿行为及背后隐含的意义。

分析时注意细致性。在研究中，我们寻找促进幼儿发展的契机。寻找到这个点，明确幼儿发展不是一个纯粹的自然过程，其间不能忽略教师的科学诊断和科学诊断分析后给予的指导。

注重经验的自我建构。以教师立足教学实践的真实观察来建构幼儿发展经验的过程。在以上过程中，教师会发现幼儿的学习品质、游戏的社会性水平、同伴的交往合作情况、幼儿的认知发展情况、遇到问题时的解决能力、幼儿的创造性表现，这些都是由幼儿发展现实中幼儿的行为以及过程的复杂性决定的。

本课题形成了便于教师推广应用的技术性成果：

①教案梳理表格；

②主题性区域活动中幼儿观察评析项目提示；

③学习故事整理模式等。

## 三、参考文献

［1］刘艳，邹泓．自我建构理论的发展与评价［J］．心理科学，2007（5）．

［2］李季湄，冯晓霞．《3—6 岁儿童学习与发展指南》解读［M］．北京：人民教育出版社，2013.

［3］冯晓霞．幼儿园课程［M］．北京：北京师范大学出版社，2000.

［4］莎曼，等．观察儿童：实践操作指南［M］．单敏月，王晓平，译．3 版．上海：华东师范大学出版社，2008.

# 课题六　“先学后教、互动互助”教学模式研究

## 一、课题组成员信息及分工情况

### （一）课题组成员信息（见表6－1）

表6－1　　　　　　　　　　课题组成员信息

<table>
<tr><td rowspan="2">课题主持人</td><td>姓名</td><td colspan="2">单位</td><td>性别</td><td>现任职务</td><td>出生年月</td><td>学科</td></tr>
<tr><td>刘培义</td><td colspan="2">天津市滨海新区大港太平村第二中学</td><td>男</td><td>书记、校长</td><td>1972年6月</td><td>数学</td></tr>
<tr><td rowspan="4">课题组主要成员</td><td>姓名</td><td>学科</td><td>学段</td><td>职务</td><td colspan="3">单位</td></tr>
<tr><td>王颖</td><td>数学</td><td>小学</td><td>副校长</td><td colspan="3">天津师范大学滨海附属小学</td></tr>
<tr><td>贾立新</td><td>英语</td><td>初中</td><td>校长</td><td colspan="3">天津市滨海新区塘沽实验学校</td></tr>
<tr><td>陈学东</td><td>英语</td><td>小学</td><td>校长</td><td colspan="3">天津市滨海新区塘沽馨桥园小学</td></tr>
</table>

### （二）课题组成员分工情况

刘培义：负责课题论证、组织实施、结题等的全面协调。

王颖：负责课题的文化管理研究及实施。

贾立新：负责课题的教学实验及资料管理。

陈学东：负责课题的校本教研管理、数据整理。

## 二、课题详细信息

### （一）课题由来

长期以来，课堂教学改革都是我们密切关注的事情。自新课程改革实施以来，我校的课堂教学面貌呈现出些许可喜的变化，但更多的是指向于组织形式的表面变化，缺乏促进学生高质量发展的本质变化，与课程目标的要求相差甚远。课堂面貌缺少深层次变化的原因是教师的教学行为惯性在起负面作用，在传统的工作模式之下教师只能是“穿新鞋走旧路”，主要表现为学生的主体位置没有得到充分突显，课堂上仍然是以教师传授为主，学生主动学习少。

自新课程改革以来我们清晰地感受到城乡教学质量差距逐步拉大，身处设备完善、文化沉淀丰富的乡村初中学校，我们意识到传统的教学模式已经无法满足新时代背景下学生的需求，熬时间、拼体力的教学方式已经不适合学生发展的需要，更不符合教育改革的时代精神要求，在有限的空间和时间内求得教学效益最大化，只有依靠课堂教学改革。

学校有一批职业素养高、科研意识强的骨干教师，有一个积极主张课堂教学改革的领导班子，有比较现代化的教学基础设施。这些优势成为学校开展课堂教学模式改革的重要基础。

基于以上各方面的综合考量，借鉴国内先行实验地的经验，课题组提出构建“先学后教、互动互助”教学模式的设想，我们着力改变传统教学模式，实现四个突破：第一，改变教学方式，在学生的主体参与、主动建构上实现突破；第二，改变他主学习的方式，在学生的自主学习、合作探究、小组互助上实现突破；第三，改变学校整体的教育教学局面，在整体性改革、大面积提高教学质量、提升办学效益上实现突破；第四，在教学模式的实践、推广、常态化上实现突破。以上四个突破既是我们的研究目标，也是研究的价值预设，其核心价值是发展能力、培养习惯、减负增效、提高质量。

### （二）课题界定

（1）“先学后教、互动互助”教学模式秉承杜威等人的探究性教学理念，把“从做中学”坚决贯彻到教学之中，尽最大努力扭转以往教学中重“教”轻“学”的做法，将重点放在促进学习者学习方式的转变上。

（2）“先学后教、互动互助”教学模式遵循建构主义的教学理论，强调知识的生成及其建构性，注重个体能动性、创造性的激发与调动。通过有效的教学干预，实现个人新旧经验之间双向、反复、再创造。在“先学后教、互动互助”教学模式的施行过程中，强化在自学、探究、合作互助等环节中的假设、质疑、尝试、分析、总结行为的训练，同时强化拓展小组间评价、借鉴、吸纳等学习品质的训练，把以上课堂行为作为观察的重要指标，以此为抓手，促进教师教学行为的转变和学生知、情、意、行的综合发展。

（3）“先学后教、互动互助”教学模式强调罗格芙的理论。罗格芙将知识的社会建构机制分化成不同的三个层面，即个人层面、人际层面和共同体层面，其相互联系，相互作用。与此相对应，一个切实有效的学习过程也包含着三重意义：个体认知的转变、协作建构的认识的产生、共同体支撑的氛围的共享以及身份的认同。“先学后教、互动互助”教学模式恰恰倡导把学习过程还原为社会交往，在合作交往中重组认知结构，在与学习共同体的相互作用中获得身份的认同。在组内学习和组间交流的过程中，个体在影响小组与班级的同时被小组与班级影响。

### （三）研究目标

新课程改革实施过程中，更多的教师发现传统的教和学之间的矛盾越发突出，其根本原因是“穿新鞋走旧路”。实施“先学后教、互动互助”

教学模式的意义在于通过先学后教、教案变学案、小组互助学习等实质性变化促使教师转变教学方式，改变由教定学的现状，实现因学定教，尽最大可能减少教师水平差异带给学生的损失。学生学习的自我计划能力和情感、态度、价值观等素养的发展理应根植于规范化、规律性的学习模式。一直以来，学生学习的路径极其单调，学习过分依赖于老师的直接传授，长期处于一种讨要传授与模仿的低水平学习状态，学生人格的独立和主体精神受到压制。学困生越教越多的现实足以证明教学方式存在问题，要改善这一现状靠教师单方面的努力是行不通的。“先学后教、互动互助”教学模式的基本理念为先学后教，合作互助，其重要意义在于培养学生认知能力、良好的学习习惯和刚强的意志品质。关于先学后教的教学研究，一些名校已经先一步进行了比较系统深入的探索，质量和效果是衡量一切教学改革的铁的标准，学校近几年的教学质量徘徊不前，学生长期处于被动接受学习的状态，现实逼迫我们必须改革现有的教育教学方式。虽然成功者为我们提供了宝贵的经验，但是经验不可完全复制，结合学校现状，广泛征求教师意见之后，课题组确立了“先学后教、互动互助”教学模式研究课题，以期推进学校教学质量的持续提升。

## （四）研究情况

（1）“先学后教、互动互助”教学模式的构建方法。

演绎法：通过观察和实验获得经验，在过程中不断调整方向和优化设计，在持续实验中逐步概括生成。

归纳法：从骨干教师处获得教学经验，从而进行总结归纳。经历“经验—理论—实践—完善—推广”的过程，生成教学模式。

移植法：借鉴他人的教学经验、模式、方法，经过移植、改造，逐步形成自己的教学模式。

在构建“先学后教、互动互助”教学模式的过程中，主要采用了第三种方法。

（2）在“先学后教、互动互助”教学模式的实施过程中，主要采用课堂观察、问卷调查、课例研究、文献研究、访谈的方法。

## （五）研究结论

（1）“先学后教、互动互助”教学模式的内涵特征与价值取向被广大教师所接受。先学，是指以导学案为载体，在课堂教学的整体安排上把学生的学习活动放在前面或者在教学活动的某些环节中把学生的学习活动安排在前面。后教，是指以问题反馈为前提，在课堂教学的整体安排上把教师的讲授和讲解放在后面。互动，是指经过营造多边互动的教学环境，在教学交流的过程中，实现多个观点的相互碰撞，交叉相融，进而激发教学双方的主动性，激发教学活动的探索性。互动的方式有：T－S（教师与学生个体）、T－SS（教师与全体学生）、T－Ss（教师与学习小组）、S－S（学生个体与学生个体）、S－Ss（学生个体与学习小组）、Ss－Ss（学习小组与学习小组）。互助，是指在读书、探究、反馈、矫正等教学活动中实施的互问、讨论、商榷、互查、互纠、互结等协作学习行为。互助的方式主要有T－S（教师与学生个体）、T－Ss（教师与学生小组）、S－S（学生个体与学生个体）、S－Ss（学生个体与学习小组）、Ss－Ss（学习小组与学习小组）。通过课题研究，教师与学生对促进掌握基础知识、领会学习方法、养成学习习惯、实施高效教学的价值达成了共识，教学方式发生了质的变化，课堂面貌正在由讲堂向学堂蜕变。

（2）课题研究中提炼出课堂教学中读书、反馈、矫正、评价、提炼、检测六个基本要素，构建了学案导学、合作探究、随机反馈、互助矫正、限时训练、即时评价、自主测评、分层互助等实用、高效、便于操作的课堂促学策略，这些教学策略在常态课堂中被广泛使用，对打造低负高效常态课堂起到重要的作用。

（3）依据“先学后教、互动互助”教学模式的核心内涵和价值取向，制定了实验学科授新课的教学流程。理科教学流程为“情境导学—自学梳理—合作解疑—点拨矫正—巩固应用—总结提升—达标检测”，语文课的教学流程为“基础过关—整体感知—文本解读—查疑释疑—方法指导—人文点拨—学以致用”，英语课的教学流程为“基础过关—情境设疑—自学查疑—合作解疑—练习反馈—归纳总结—写说拓展”。

（4）依托于课题研究建构了以课堂观察为载体，以师生行为和促学策略研究为内容，每周一次“说课—同伴审议—课堂观察—说反思—说建议”的校本教研运行机制，通过专题研究提炼典型经验，收集一线教师的优秀策略、促学智慧汇编成册。课堂观察和实用促学策略专题研究，大大提升了教师的整体业务水平。学校教科研水平也有了一定程度的提升。

（5）课题研究对学校教育教学质量大幅度提升起到了促进作用。一方面，以小组团队激励为导向的班级文化建设从根本上改变了以批评说教为主的育人方式，勤学方正、健康自立、立己达人的学风日渐形成，比学习、比进取、比规范的文化已经扎根校园。另一方面，课题研究推动了教师教学方式的转变，大面积提升了课堂教学的效率和教学质量，经过两年的实验，学校教学成绩已经走出低谷，跃升至本区农村校上游。

## 三、参考文献

［1］赵健．学习共同体：关于学习的社会文化分析［M］．上海：华东师范大学出版社，2006.

［2］李如齐．洋思教学模式：洋思初中的教学理念与实践［M］．南京：河海大学出版社，2002.

［3］柳海门．现代教育原理［M］．北京：人民教育出版社，2006.

［4］吴效峰．新课程高效率教学［M］．沈阳：辽宁大学出版社，2006.

［5］陈晓端．当代教学理论与实践问题研究［M］．北京：中国社会科学出版社，2007.

# 课题七　利用 Moodle 信息化网络平台促进教师专业化发展的实践研究

## 一、课题组成员信息及分工情况

### （一）课题组成员信息（见表 7－1）

表 7－1　　课题组成员信息

<table>
<tr><td rowspan="2">课题主持人</td><td>姓名</td><td colspan="2">单位</td><td>性别</td><td>现任职务</td><td>出生年月</td><td>学科</td></tr>
<tr><td>李维鹏</td><td colspan="2">天津市滨海新区大港向阳小学</td><td>男</td><td>校长</td><td>1972 年 12 月</td><td>数学</td></tr>
<tr><td rowspan="6">课题组主要成员</td><td>姓名</td><td>学科</td><td>年级</td><td>职务</td><td colspan="3">单位</td></tr>
<tr><td>刘玉云</td><td>英语</td><td>五年级</td><td>副校长</td><td colspan="3">天津市滨海新区汉沽河西第一小学</td></tr>
<tr><td>杨国兵</td><td>数学</td><td>四年级</td><td>副校长</td><td colspan="3">天津市滨海新区汉沽杨家泊小学</td></tr>
<tr><td>史春敬</td><td>语文</td><td>五年级</td><td>校长</td><td colspan="3">天津市滨海新区汉沽高庄小学</td></tr>
<tr><td>陈金焕</td><td>语文</td><td>五年级</td><td>校长</td><td colspan="3">天津市滨海新区大港花园里小学</td></tr>
<tr><td>张秀来</td><td>语文</td><td>四年级</td><td>校长</td><td colspan="3">天津市滨海新区塘沽向阳第一小学</td></tr>
</table>

### （二）课题组成员分工情况

李维鹏：主要负责课题的整体规划管理。

刘玉云：负责网络平台的搭建与资源管理。

杨国兵、史春敬：负责规划管理、组织实施、撰写研究报告。

陈金焕、张秀来：负责课题实验与课题资料的收集、整理。

## 二、课题详细信息

### （一）课题由来

实施教育教学课程改革的目的就是达成学生学习方式的转变，促进学生思维的发展。课堂教学模式的应用就是让学生成为自主发展的人——有明确的努力方向，有良好的学习策略与学习习惯，有内在的学习需求。“教是为了不教，学是为了会学”，这是教育者需要达到的状态，也是我们教育教学的终极目标。只有拥有正确的理念、前行的意识，才能遵循科学的教学规律，才能掌握丰富的教学技巧，才能创造性地进行教学活动，才能促进学生自主发展。这些教学目标的达成恰恰需要信息技术与网络教育的结合。学生自主发展、自我评价是需要载体的，要通过载体造势，信息技术就是这个载体，学生在网络环境下学习和提升，改进教与学的方式，转变教与学的职能。在教学中如何让信息技术发挥更好的作用，使信息化资源有效地整合到教育教学中，使教学研究的途径和方式更多元，使课堂教学更高效，使教师成长的道路更专业，使教师的专业发展更有效，这些便是教育现行改革亟须解决的重要问题。基于此，我们提出了本课题。

### （二）课题界定

Moodle 是“Modular Object – Oriented Dynamic Learning Environment”的缩写，即模块化面向对象的动态学习环境。它是由澳大利亚的 Martin Dougiamas 博士设计开发的基于社会建构主义教育理论的课程管理系统，同时是一个功能强大的学习管理系统，能帮助教师高质量创建和管理在线课程，是非常适合教师开展协同合作的应用与管理平台。

Moodle 教师专业化是指利用 Moodle 信息化平台将教师备课、上课和课后工作三个环节信息化和一体化，将校本研修纵向深挖，开发基于 Moodle 的研训一体的网络教研新思路、新策略。它在课程设计与课程执行方面提升教师专业能力，在自主管理、多元互动中促进教师专业发展。

### （三）研究目标

（1）以 Moodle 平台为载体，以现代信息技术为主要手段，组织教师利用网络学习研究。专题反思、集体备课、线上线下交流等教学研究活动要突出开放性、个性化，为构建以促进学生自主发展为核心理念的课堂教学模式助力，丰富教学的策略和教学的过程设计，提高教学效率，优化课堂教学效果。

（2）将校本由面变线向纵深发展，深入探究与研讨，实现教师研训一体的教研新模式，使教研活动得以继续扩展、生成、提升，变得更加富有成效，从而提升教师信息化素养，促进教师专业化发展。

（3）形成基于 Moodle 信息化平台提高教师信息素养、促进教师专业成长的策略与实践经验，实现区域内推广应用。

### （四）研究内容

（1）通过 Moodle 的功能开发与其在教学中的使用，提升教师课程设计和管理能力，丰富教学的策略和教学的过程设计思路，提高教学的效率和教学的质量。

（2）基于 Moodle 平台开展信息化学习研究，探究网络校本教研新思路，在研中教、教中研，促进教师的专业发展。

（3）利用 Moodle 将常规教研活动向纵深发展，开展集体备课、专题反思、课堂实践等研究活动，唤醒教师的自我发展意识，激发发展需求，在共同研讨的校本教研环境下促进教师专业能力提升，形成研训团队。

（4）主要创新点在于，Moodle 平台可以将教师备课、上课和课后工作三个环节信息化和一体化，在新的网络教研形式下，课程设计将彻底改变传统的呈现方式，表现出人文化、个性化、过程化和交互化等前所未有的特征。在形成的教师学习共同体中，教师专业素质不断提高。

### （五）研究情况

（1）加强软硬件的建设，开展基于 Moodle 的教师应用技能培训与信息化课程的设计。

为了确保课题的正常实施，促使学校网络校本教研的常态化，几年来，学校对校内网络环境进行多次优化。学校专设校园网控制中心，配有多台专用服务器，并在此基础上搭建了博客平台、网络存储、视频点播、网络资源库、网络相册、Moodle 平台等多个信息化平台。在 Moodle 平台分设学科资源平台、学科反思交流平台、集体备课平台、经验交流平台、在线课程平台、专家在线平台、学生作品平台等多个平台，为天津市滨海新区大港向阳小学网络数字化建设提供保障。结合学校实际情况，制定了严格的管理制度，并按照课题实施方案分阶段进行了教师培训。第一阶段从基于 Moodle 的信息化课程设计入手，认识 Moodle 平台，学习 Moodle 课程的建立、Moodle 界面的设计、Moodle 板块的使用、Moodle 资源的添加、Moodle 活动的设计等内容，理解基于 Moodle 的信息化课程与传统课程的差异，进一步理解了 Moodle 平台在新课程背景下独特的教育教学优势。

（2）开展基于 Moodle 平台网络校本教研方式与策略的研究，促进教师专业成长。

1）搭建常态化的反思平台，为教师提供多元的反思机制，促进教师间互相学习、教学相长。校本教研的首要任务是个人学习与反思，对于教师来说，这无疑是最必要的，但也是最困难的。为了能让教师更好进行在线学习，我们首先在 Moodle 平台上搭建了常态化的教师反思专栏，便于教师间交流互动。

教师可以将自己在课上遇到的一些问题随时发布到平台上，这样同组的老师可以在线交流、讨论，起到了互相学习的作用。此外，学校还要求学科组长定期发布本组的反思主题，组内教师可以通过回复的方式对反思主题发表自己的看法。在 Moodle 网络教研平台上教师们可以不受时间、空间的限制，围绕研讨专题进行交流，也可以跨学科进行沟通与切磋。

Moodle 互动反思板块将教师每次的教学感悟、课后心得、备课技巧、教学资源素材有序整理，使每位教师都能在平台中发挥自己的作用，展现自己的才能，提升教师自信心。

2）利用 Moodle 平台，营造集体备课氛围。校本教研是基于本校实际实施的研修模式。集体备课是校本教研中的一个环节，能够集集体智慧，最大限度地提升备课质量，优化备课效果。教师在合作中交流感悟、协调与磨合，逐步达成默契，形成有效教学资源共享，促进教师的专业发展，增强团队的凝聚力，提升学校的文化底蕴。

经过研讨交流，学校制定出完整的 Moodle 平台集体备课模式（见图 7－1）。

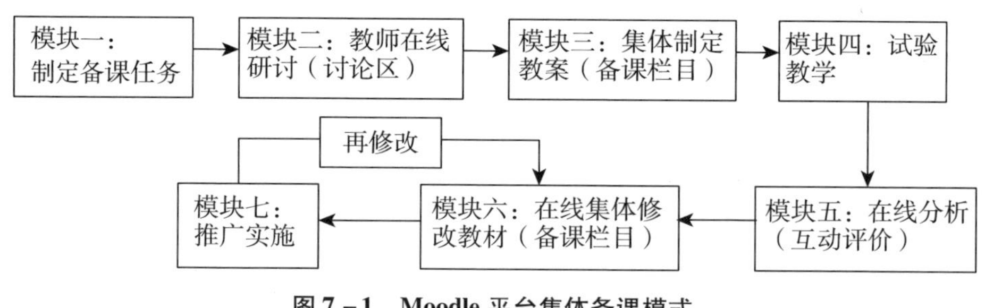


**图 7－1 Moodle 平台集体备课模式**

3）开辟 Moodle 在线点播专栏，搭建视频案例研究平台，聚焦课堂教学的案例分析。提高教学质量的主阵地是课堂教学的研究，在校本教研活动中，教师既是独立的个体，又是团队中的成员，活动中既要考虑自己的个性体现，又要兼顾共性达成。在课堂教学中，每个人都会有精彩的展现，然而这些精彩只是瞬间，聆听者稍不留意就会忽略。搭建视频案例研究平台可以有效解决这一问题，让教师有更多的时间和方式关注课堂和学生。

每学年对每位教师的精讲课、公开课统一录制，并上传到 Moodle 平台在线课堂栏目，教师可以在栏目中线上回看课堂教学实录，并在课堂回放栏目下进行点评。录课教师针对点评人的观点进行回复，这样通过“听—看—评—回”的交互方式突破时间和空间的限制，有效提升校本教研效率，提高了备课的质量。

事实证明利用 Moodle 的互动性聚焦问题、探究教学案例是课堂教学研究的有效途径，其是有效的校本教研平台。

（3）开展基于 Moodle 的信息化课堂教学模式构建与实践的研究活动。

1）通过引导教学专题探究，聚焦课堂，构建高效课堂模式。Moodle 平台搭建、教师反思机制与集体备课模式的形成，有效提升了教师的专业素质，但通过课程实践，我们发现教师主导仍在一定程度上制约着学生主体性的发挥，发挥学生主体性依然流于形式。纵观我们的课堂教学，依然有这样三个方面需要改进：一是学生主体参与学习活动的意识需要进一步提升；二是学生的提问空间还需要进一步放大；三是教学过程局限师生的共同发展，需进一步消除。

我们大力进行课堂教学改革，将学生学习方式的转变作为方向，经过专家指导和教师研讨，我们构建了“引动”教学模式。实施“引动”教学模式，就是为学生搭建“大声讲出来”的平台，促进学生多感官参与教学活动。

引，体现教师的引导、引领、引思（突出思）三个环节；动，体现学生以“自动、互动、共动”三个环节为载体，实现手、口、脑多感官参与学习的目标。学生在教师的引导下实现自动（口动或手动），突出教师“导”的作用，在教师的引领下体现互动（学生交流及小组合作），突出教师“领”的作用，在教师的引思下实现共动，实现“思”的作用，即知识的综合应用。

促进学生自主发展是“引动”教学模式的核心理念。学科教师根据学科的特点，引导学生动起来，培养学生提问题、看问题、想问题、解问题的能力。三个大的教学环节体现学习的三个步骤，即引入、探究、应用。

“引动”教学模式，不仅仅是学习模式，更是一种积极的学习策略和习惯，让自主参与成为一种自觉行为，进而在互动过程中实现自主发展。

2）积极开展基于 Moodle 的教学研讨与网络教研推广展示活动。课题开题以来，课题组组织了很多基于 Moodle 应用的校本培训活动，在校级课堂教学竞比活动中，研讨课超过百节。课题组组织了四次大型基于 Moodle 信息化平台的课堂教学研讨活动，有 60 多位实验教师参与了课堂教学、教学论文与案例设计比赛，并面向全区、全校做观摩课、研究课 36 节，多位教师参加了全国信息技术与学科整合优质课评比、白板应用大赛等，20 余节课获奖。

为了将研究成果推广应用，2018 年 10 月，天津市滨海新区大港教师进修学校在学校召开了大港青年教师网络校本教研研讨会，各小学主管领导和青年骨干教师 70 余人参加了本次活动。此次活动由教研员许明老师主持，活动还邀请到了培训部周洪春主任和共同体成员校领导。与会成员对本次活动给予了很高的评价。

### （六）研究结论

#### 1. 结论

（1）Moodle 互动平台是一个资源平台，它把教师教研与培训融为一体，将信息技术贯穿教学的始终，打破时间、地域限制，实现空间教研优势，有效促进了教师专业发展。Moodle 互动平台的互动功能将教师学习成长的轨迹完整地留存，便于教师反思、自省，为教师可持续发展提供有效数据，更大意义上为教师专业成长助力。

（2）形成了强大的 Moodle 信息化课程设计与应用体系，集线上交流、线下互动、专家引领三大功能于一体，促成课程建设、学校管理、科研的综合平台建设。

（3）增强了教师科研的主体意识，帮助教师通过 Moodle 互动平台科学设计课程，提升了教师课程意识、设计力和执行力。课程资源共建共享，体现了集体智慧，成为促进教师专业化发展的有效途径。

**2. 思考**

（1）提升教师实操能力。日新月异的信息技术手段，正冲击着传统的教学模式，对教师提出了更高的操作要求，理论与技能提高势在必行。只有熟练掌握信息技术技能，才能熟练地浏览与应用学科网站，并将之转化为工具，应用于教学。

（2）基于 Moodle 的网络教研极大地拓展了教研的空间，受到了教师们的欢迎，但还是有一定的局限性，比如缺乏聚焦与连贯性，所以还要将此与传统校本教研相结合，采取线上与线下联动形式，多点交流，避免单一化。

**3. 有待进一步研究的问题**

（1）由于我们的理论水平有限，在研究成果的提炼方面，仅仅停留在实践操作的层面，所得结论的经验性色彩比较浓，还没有在理论方面得出经得起推敲的结论，也就是说，实验成果还没有上升到理论的高度。今后，我们将在实践中进一步加强理论总结和提炼，使实验成果更具普遍指导意义。

（2）Moodle 本身是要让每一位教师成为课程设计的主人，然而受水平和精力限制，靠教师个人来建设系列化的精品课程实际大有困难。下一阶段，我们将更多地思考 Moodle 的可持续发展，使研究既有点的深入，又有面的发展。同时在课程设计、教学有效性以及促进教师专业研究方面，进行专题化、系列化、多样化探索，使 Moodle 真正成为师生喜爱的共享平台。

## 三、参考文献

［1］黎加厚．信息化课程设计：Moodle 信息化学习环境的创设［M］．上海：华东师范大学出版社，2007.

［2］叶澜．“新基础教育”论：关于当代中国学校变革的探究和认识［M］．北京：教育科学出版社，2006.

［3］陈美蓉．新课程背景下“网络教研”的实践研究［J］．教育传播与技术，2011（2）．

［4］黎加厚．以校为本的教师发展和教学研究制度的建立［J］．中国电化教育，2003（7）．

# 课题八　学科组主题式校本研修内容与形式的行动研究

## 一、课题组成员信息及分工情况

### （一）课题组成员信息（见表8－1）

**表8－1**　　**课题组成员信息**

| 课题主持人 | 姓名 | 单位 | 性别 | 现任职务 | 出生年月 | 学科 |
|---|---|---|---|---|---|---|
| | 陈桂霞 | 天津市滨海新区大港第六中学 | 女 | 校长 | 1970年3月 | 语文 |

### （二）课题组成员工作内容

陈桂霞：负责整个课题相关资料的收集与课题方案的设计、实施及结题报告撰写。

## 二、课题详细信息

学校可持续发展的关键点之一是教师的专业水平高，拥有良好专业素质的教师队伍是提升教育质量的根本保证。校本研修可以有效提升教师专业素养，有助于提升教师的专业技术，有助于提升教师研究意识，有助于营造自觉钻研氛围，有助于形成良好师德师风，有助于提升教师育人艺术和育人能力。本课题基于我校问卷调查中呈现的问题，试图通过对主题式校本研修内容与形式的探索，提高校本研修的针对性和实效性。通过对校本研修的内容与形式的研究，以课堂为主阵地，以教育教学中出现的一些问题为研究对象，形成有效的校本研修制度，丰富研修内容，创新研修形式，提升教师的科研能力，在学校内营造校本研修氛围，提升专业水平，形成个性化、有特色、有实效的融教育科研和教学研究为一体的校本研修模式。

### （一）绪论

目前人民群众对高质量教育的需求与学校教育现状的不匹配引发的矛盾越发突出。实现学校教育的高质量发展，满足人民群众和社会发展的需求是教育的目标。在对教育发展产生影响的因素中，教师队伍的发展是关键。教师队伍发展，教师教育教学水平提高的主要途径是校本研修。有效的校本研修是提升教育教学质量的根本保障。学校发展的主要课题之一是校本研修建设。

学校教学管理的基本单位是学科组，其是基层的研修机构，是进行校本研修的核心组织，是教师交流互助的学习平台。开展关于学科组主题式校本研修内容与形式的行动研究，对教学质量、课堂教学效率提高起到了重要的助推作用。制度建设是促进校本研究的重要措施，使校本研修规范化、制度化，打造富有学校特色、实效性、个性化的校本研修模式，促进教师专业发展。但是目前，无论是内容还是形式方面都存在问题，影响了实效性、针对性、指导性，导致校本研修工作整体执行情况不好，管理存在困难，研修质量不高。

本课题目的是通过探索研究改善校本研修过程中出现的问题，在研修的内容与形式上有所创新。以学科组为单位，从校本研修方式的转变入手，通过建立健全校本研修制度，形成独特的校本研修文化，使校本研修中的不足也得以改进。校本研修形式的创新，校本研修内容的丰富，可以调动教师的积极性、主动性。以课堂为主阵地，针对重点问题，提高校本研修实效，实现打造低负高效课堂的研究目标。促进学校全面可持续发展的核心是教师队伍的专业成长，重点是教师队伍建设。这些都促进学科组教研活动的内容专题化、形式多样化、参与主体化。将研修内容聚焦在探索课堂教学的各个环节上，在研修活动中积极发挥学科带头人、骨干教师的辐射作用。在集体探索实践和专题讨论中发现问题，并探讨出解决问题的策略，通过推广、实践、提升来总结有效策略，然后进入再推广、再实践、再提升阶段，逐渐营造良好的学校研修文化。

## （二）现状及存在的问题

### 1. 我校校本教研问卷调查情况汇总

为提高课题研究解决问题的针对性和实效性，真实呈现我校研修活动在内容、形式、管理与评价方面存在的问题，达到“求实效、讲实用、有效果”的目的，课题组对我校 44 位任课教师进行了“主题式校本教研问卷”调查。调查问卷一共有 18 个题目，范围涵盖了对校本教研活动意义的认识、校本教研活动内容和成效、校本教研活动过程评价、校本教研活动愿景、影响校本教研成效的因素及校本教研活动凸显的问题和存在的不足等。调查问卷情况汇总如下。

（1）对校本教研活动意义的认识。

1）认为“教研活动能促进教师反思”的有 17 人，占 38. 64%；认为“较能”的有 20 人，占 45. 45%。

2）认为“教研活动非常有利于教师教学行为转变”的有 7 人，占 15. 91%。

3）认为“教研活动能够非常有利地促进教师观念更新”的有 13 人，占 29. 55%；认为“较能够”的有 21 人，占 47. 73%。

4）认为“教研活动对教学改进帮助较大”的有 21 人，占 47. 73%。

（2）校本教研活动内容和成效。

1）认为“教研活动的研讨氛围热烈和较热烈”的有20人，占45.45%。

2）针对教研组活动的满意程度的调查中，认为“非常满意”的有13人，占29.55%；认为“比较满意”的有27人，占61.36%；认为教研活动“非常有吸引力”的有8人，占18.18%。

3）教研活动设计情况调查中，认为“非常好，每次都有主题，讲实效，成效显著”的有17人，占38.64%。

4）调查显示我校学科组、备课组活动次数每学期在十次以上的有42人，占95.45%。

（3）校本教研活动过程评价。

1）认为“教研活动非常关注学生学习与发展”的有18人，占40.91%。

2）认为活动“精心设计、组织有序、有非常明确的主题”的有15人，占34.09%。

3）认为活动“有明确的组织者，合适的活动方式、活动时间和场所”的有10人，占22.73%。

4）认为“教研活动中教师能够积极参与交流活动”的有20人，占45.45%。

（4）校本教研活动愿景。

1）最有效的教研活动方式：认为是“校级教研活动”的有9人，占20.45%；认为是“走出去听课”的有33人，占75.00%。

2）最符合期望的教研活动形式：认为是“前沿理论学习与课堂实践相结合”的有6人，占13.64%；认为是“形式多样的教学研讨和听评课活动”的有14人，占31.82%；认为是“切中自己教学问题的教学研讨和经验交流”的有16人，占36.36%；认为是“教学研究和课题研究相结合”的有8人，占18.18%。

（5）影响校本教研成效的因素。

认为是“时间精力”的有20人，占45.45%；认为是“教研活动的主题”的有 13 人，占 29.55%；认为是“教研活动的组织安排”的有 10 人，占 22.73%。

（6）校本教研活动凸显的问题和存在的不足。

认为“研修内容以布置工作任务为主，很少针对性研究问题”的有 11 人，占 25.00%；认为“以应考为中心”的有 8 人，占 18.18%；认为“活动的计划性和针对性差”的有 13 人，占 29.55%；认为“活动方式单一”的有 27 人，占 62.36%；认为“未带着研究目标去听课”的有 14 人，占 31.82%。

（7）开放性问题：本学期印象深刻的一次教研活动。

在回答这个问题时，语文、化学、数学、英语教师都提到共同体活动时学科组活动的情景，认为根据选定的专题进行备课、上课、评课，大家献计献策攻克难关的研究氛围非常好。将学科教学问题分成不同专题，每个人都有自己的研究方向，这种课题研究的形式也很好。在活动时大家为重点、难点的突破集思广益，教师们能结合课程谈出优点并找到自己今后教学中的改进方向，这样的形式非常好，能够达到学科组内分享有效资源、提高教学技艺的目标。思品组提到，教研活动时主发言人就某一焦点问题给全组教师宣讲，谈自己的经验做法和收获，其他教师可以吸收借鉴，并进行讨论，这样做令在场教师收获非常大。

（8）关于如何改进和提高的意见征询。

大家普遍希望教研活动的内容能更加丰富一些，除了研究教材外，还可以通过观看名师教学录像、经验交流分享等活动，根据教师的需求进行教育信息技术培训。

活动的形式可以更加灵活多样，比如观摩优秀课例，骨干教师引领备课，组织学科教师内部竞赛，走出去多听课，聘请专家、区域名师到学校进行讲座培训等。

所有参与调查的教师都希望针对日常教学呈现的问题开展教研活动，语文学科组提出按课堂教学内容归类，按照主题做课，比如议论文、说明文、散文、文言文学习，名著导读等，每人每学期一个研究方向，或者多人每学期一个方向。这样的研修活动针对性更强、实效性更高，骨干教师的引领辐射作用更加突出。

**2. 问卷调查所呈现的问题**

（1）教研主旨不明，影响校本研修的质量。

缺乏整体的规划，系统性不强。每一次有效的研修活动都应该在学年和学期的研修规划指导下进行。每次研修活动的任务都应该是学期或学年的研修主题下的系列化的研修活动任务之一。研修活动的主题不明确、活动流程不精细，导致研修活动组织过于随意，聚焦的问题不明确，问题剖析浅表化，总结提升环节缺失，影响了活动质量。组织者没有预案，参与者没有准备，这种状况严重制约了研修效果。

（2）教研内容与教师的需求脱节，使校本研修主题缺失。

有效的研修主题应该源于教师真实的教学活动，源于课堂上的真问题，这样的研究内容是自下而上的，更能够引发教师的参与热情。但目前学校研修主题多数是学校教学管理部门设计安排的，是自上而下的。教学管理干部从主观经验出发来确定研究主题，策划研究方式。这种情况容易造成研修主题与教师的实际工作脱节，导致教师态度不够积极，被动参与。

（3）教研计划不周，组织不严，影响了校本研修的实效。

凡事预则立，不预则废。有效的研修活动应该在活动前做好周密的计划，制订出详细的预案，对内容、流程等进行设计，对主讲人的任务提出明确的要求。但是常态教研活动组长的规划管理意识不强，常常出现人员不齐、准备不充分、环节不严谨、内容不充实的情况。在回答“本学期印象深刻的一次教研活动”时，教师们普遍描述了学校策划组织的教研活动，对自己组内的常态活动基本没有深刻的印象，可见校本研修的有效计划和严谨组织对于校本研修的实效性多么重要。

（4）内容形式缺乏创新，影响主体的参与热情。

以解决教师自身所遇到的实际问题为出发点，归纳、筛选、提炼研修主题的规划设计，导致校本研修内容的针对性和实际效果大打折扣。我们经常听到人们谈论被动接受训练，很少听到有人主动研究。校本研修机制不够完善，影响了教师参与度。研修活动大多是布置事务性工作，集体备课、听课、评课，以应对考试为主，形式上也没有突破，缺乏创新。

（5）教师本身缺乏反思意识，提炼与筛选问题的能力有待提高。

教师被动参与。在研修活动中能够提出问题并预设出解决问题方案的教师仅占14%，能够分析提炼出讨论中关键问题的教师仅占16%，55%的人是被动参与，以观众或者听众的角色出现。

（6）缺乏专业引领，同伴互助的作用小，制约校本研修的效果。

缺少专业引领，限制教师跨越式发展。同伴互助的作用薄弱也制约校本研修的效果，所以如何使校本研修真正起到落实新理念、助推教师专业发展、提升育人质量、满足广大人民群众对优质教育教学质量需求的作用，成为学校亟待解决的问题。

## （三）问题分析

（1）学校缺乏对校本研修工作的顶层设计和有效指导，影响校本研修质量。学校管理人员缺乏顶层设计、整体规划设计的意识，过程中不能做到层层规划、逐级落实，影响了研究的深入，致使研修质量不高。

（2）校本研修的机制不健全，影响了教师的参与积极性和创造性，教师短时间内见不到成效，对研修的意义认识不足，导致消极的抵触情绪。

（3）学科组、备课组工作计划较为粗糙，落实过程中的随意性降低了校本研修的实效。

（4）在研修活动中缺乏专家引领，大部分教师课题研究能力较低，很难提炼和梳理出研究主题，对研究方法和实施策略知之甚少，对教学科研活动存在严重的畏难情绪。受教师理论水平和骨干教师数量的制约，同伴互助很难得到高水平的提升。

### （四）解决思路

本课题针对问卷调查中存在的问题展开研究，立足于校本研修中出现的问题，探索解决问题的方法和路径。

**1. 关注教师专业发展，彰显“以生为本”理念，构建学校研修文化**

（1）明确学校校本研修的目标。

以促进教师专业成长为目标，在教研内容上，以有效解决教学实际问题为主题；在研修形式上，以反思互助、引领为路径。内容立足课堂教学，围绕主题研讨，让理论与实践结合，从而形成学校实训一体的研修文化。让教师用研究的视角审视课堂，不断把课堂问题转化成教师研究课题，充分体现“以生为本”，为教师专业发展奠定基础。

（2）抓理论学习，使教师牢固树立“以生为本，以学定教”的教学理念。

为使我校“以生为本，以学定教”的教学理念深入人心，我们加强校本培训，认真落实专业学习培训任务。首先精选内容，从师德建设、教育理论、工作艺术、职业精神、信息技术应用及教学技能提升等方面着手，或外聘专家、骨干教师讲座，或分享校内有效经验，或利用优质的网络资源，组织开展“专家讲坛”“教师论坛”“有书共读”“学科技能测试”等各类培训活动。丰富培训形式，创新培训方法，提高研修效果。例如，在班主任专业素养专题培训中采取竞赛对抗、交流互动、专题报告、游戏活动等多样的培训形式。其中“菜单”供给式培训效果突出。教师在培训以后可结合自己的实际工作，或撰写自己的教育故事与大家分享，或尝试学习有效的经验做法，将业务学习落到实处。

（3）认真指导，做好自我规划，促进自主发展。

为了提高教师的师德水平，开阔教育视野，加强教学反思，提高专业能力和教育水平，必须提升教师自我发展的内驱力，让教师有自我提升的需求、有自我规划的能力。因此学校应认真组织指导教师做好自我发展规划并且建立教师成长管理档案，利用校园风采里的“教师成长”栏目进行展示，使每位教师认清专业发展规划的意义，认识自身不足、确立成长目标，制订达成目标的有效措施，从师德、教学技能、科研能力等方面规划自己的成长路径，在日常工作中落实规划项目。

**2. 完善校本研修制度，激发参与热情，提升发展动力**

（1）健全了研修制度，完善了学科组活动的相关制度，明确了组织要求和活动要素，进一步明确了职责分工，建立了一系列的管理运行制度。将研修成果与教师评优和职称评审等联系起来，与教师的绩效联系起来，使校本研修活动的效果较以前有了明显的提升。学科组长和备课组长的职责明确、任务清晰，使校本研修活动设计更加科学。活动准备工作更加细致，策划更加精细，组织过程更加高效，形式更加灵活，内容更加充实，互动更加高效，运行更加顺畅。

（2）建立研修活动评价机制。成立了领导小组，深入、具体地指导校本研修工作。制定“优秀学科组、备课组评选制度”“教师校本研修评价方案”“校本研修组织活动要求”“校本研修成果奖励制度”，用健全的评价机制保障校本研修活动的有效实施。

**3. 探索有效的活动形式，丰富活动内容，深化课堂教学改革**

（1）以课例为载体，开展主题校本研修，提升教学技艺。

在问卷调查中，认为“教研活动非常关注学生学习与发展”的有 18 人，占 40.91%，说明校本研修内容重视“教”、忽视“学”的问题比较突出。为了改变这种状况，我校引导教师聚焦课堂，关注学生的学习状态，我们提出落实“四个一”、奏响“以课堂建设为核心”的主旋律，全体教师要心无旁骛，聚精会神地抓课堂。这“四个一”是树立一个理念，寻找一种方法，尝试一种转变，提高一项技能。树立一个理念：牢固树立“以生为本，以学定教”的教学理念。寻找一种方法：寻找一种教学方法，使教师可以少教，学生可以多学。尝试一种转变：在反思中成长，在引导学生“学”上做文章，给学生充分“悟”和“练”的时间和空间，把课堂还给学生，有效地把学生组织起来，充分利用学习资源，来营造互帮互助、共同受益的学习小组和学习氛围。以“让学生教学生，让学生帮学生”的方式，让学生在课堂学习中学会合作，学会互助。提高一项技能：加强课堂管理，提高管理艺术，让学困生也能聚精会神、兴趣盎然。要关注自己的教学方法是否能够激发学生的学习兴趣。尝试通过提高自身的课堂吸引力使学生能够更轻松地理解学科课程，达到“减负增效”的目的。以课例为载体，聚焦课堂，开展行动研究，打造“导学—自学—助学”的有效教学模式。研究“学”的策略，提升“学”的效益，实现由“讲”堂到“学”堂的转变。围绕构建有天津市滨海新区大港第六中学特色的有效教学模式，开展形式多样的研究活动，在活动中优化教师专业技能，推进课堂改革。

（2）以帮扶诊断活动为依托，优化专业技能。

坚持开展“师徒结对，双促双赢”活动，一方面充分发挥本校骨干教师的引领，另一方面利用共同体优质教师资源，组织校内和共同体内师徒结对活动。根据培养需求采用“一师多徒或一徒多师”的多层次师徒关系，以名师促高徒，加快对青年教师的培养。组织骨干教师开展专题讲座、主持案例分析、观摩示范课等，带动全体教师专业提升。比如“向骨干教师课堂看齐”活动，校级及以上骨干教师奉献一节优质课，供学科教师观摩学习。以课堂为主阵地，以听课、评课为抓手，开展“课堂教学诊断”活动。学科中心组帮助被诊断教师重新认识自己的课堂教学方法，找到问题并进行针对性改进。组织开展“我的教学方法”和有效教学“精彩瞬间”交流研讨活动，通过教学视频切片研究使教师更清晰地认识到课堂教学中存在的问题，唤醒改革的意识，优化教师的专业技能，助力青年教师迅速成长。

（3）以技能比赛为抓手，促进专业提升。

每学期一次的“全员参与，个个达标”的有效课堂大赛，“同课异构”“师徒同上一节课”等多种形式的课堂展示，提升了教师的教学技能。教学设计、板书设计、课件设计、演讲、粉笔字、说题、说教材比赛提升了教师的专项技能，共同体内组织的教学基本功竞赛、学科知识测试等活动为提升业务素质、强化教育技能起到积极的促进作用。

为彰显“以生为本，以学定教”的教学理念，落实天津市滨海新区大港第六中学课堂五要素即全员参与、高效学习、有效指导、活动多样、多元评价，改进了课堂教学评价标准，强调面向全体、精讲多练、关注学生的参与度和目标达成情况，重新构建“好课”的标准。从学生“学”和教师“教”两个方面设计评价维度和指标。指导教师在听课时选择一个维度进行评价，使评价者和被评价者对问题的思考和触动都是深刻的，有效推动了课堂教学改革。

（4）以阅读反思为切入点，做实主题活动，促进内涵提升。

鼓励全体教师开展阅读活动，倡导自选书目阅读与推荐书目阅读相结合，督促全体教师完成校长推荐书目阅读，组织开展了以“品读好书，提高素养，完善自己，服务教学”为主题的阅读活动。组织读书交流、阅读分享等活动。利用“乐教乐学平台”展示教师读书笔记，促进教师之间的学习交流。

**4. 搭建平台，深化交流，促进教师专业发展**

（1）搭建交流平台，打造“三聚焦，三分享”的教研特色。

以打造“低负高效”课堂为目标，改进教学方法，变革学习方式，促进教师专业成长。以学科组为单位组织开展研修活动。老师们聚在一起交流问题、分享经验、反思不足、总结提升，逐渐形成有效经验，共同分享。关键问题共同研讨，成功案例共同践行，逐渐形成具有天津市滨海新区大港第六中学特色的“三聚焦，三分享”的教研特色——聚焦课堂，分享特色；聚焦问题，分享策略；聚焦文化，分享幸福。

（2）依托教育技术，构建网络研修模式。

依托现代教育技术手段，发掘和利用网络教育资源，搭建三个网络平台——交流平台、反思平台、资源平台。逐渐形成了动态、开放的网络平台，如学科教研网，学科 QQ 群、微信群等。聚焦教育教学实践中的实际问题、难点问题、热点问题，组织研讨交流活动、研究实践活动。大家在网络平台上谈认识，讲困惑，想策略，想办法。这种网络研修的模式解决了由于工作忙大家没有时间面对面讨论的问题。学科组长可以将学科组遇到的共性问题发布到校园网、QQ 群、微信群中。学科组教师也可以随时发布自己的困惑，组内教师可以利用空余时间进行跟帖交流、评论，表达自己的建议或解决思路。教师不断地汲取新的教育理念，以研究者的形象出入课堂，行走在师生中间，促进自身的专业成长。为提高同伴互助和自我反思的实效提供有效载体，其中交流方式包括读书交流、主题沙龙、课例研讨、观课随想等。教师可以结合自己的课堂教学情况，撰写教后反思，记录精彩瞬间，记录得失，思考改进的措施，表达自己的见解，不再受到时空的限制，研修活动时刻在线，思维碰撞时时发生。

（3）坚持小课题研究，开展主题沙龙活动。

我们坚持“教中研，研中教，以教催生研，以研提升教”。以课题研究为依托，构建“导学—自学—助学”的课堂教学模式。在主题引领下，深入研究教学中遇到的实际问题、焦点问题。引导教师将小课题研究与常态课相结合，与各类研究课相结合。引导教师对课堂教学的各个环节、各个要素进行深入思考，不断改进教学方法、转变教学方式。打消教师“科研工作高大上”的畏惧心理，畏难情绪，让教师感觉科研工作“近小实”，大大提高了参与度。通过研修活动，教师的问题意识增强了，研究能力提升了，学校形成了“人人有课题，个个有项目”的良好研究氛围。学校定期组织课题研究成果推介会，组织专题微论坛，取得了良好的效果。许多教师的科研成果和有效经验得到推广。

### （五）反思与启示

课题研究使我校的教育教学研究氛围日益浓厚，尤其是学科组主题式校本研修活动的常态化，提升了教研活动的质量。来自课堂的教育教学的真问题得到了有效解决，提炼出的解决策略得到了及时的推广，解决了许多教师的困惑。此外，内容的丰富与形式的转变以及评价制度的实施有效激发了教师参与热情，增进了教师发展的动力，促进了教师的专业化发展，但是在研究过程中我们也发现了一些问题，在以下几方面需要提高。

（1）要发挥榜样引领作用，激活所有团队。学校各学科队伍发展不均衡、小团队文化氛围存在较大差异、部分学科团队缺乏骨干引领，这些因素制约主题式校本研修活动的实施效果。在团队文化建设上要下大力气培养学科骨干，发挥鲇鱼效应，激活团队力量。

（2）要加强评价激励制度建设，建立有效的校本活动评价体系，发挥好评价激励作用，用制度文化保障研修活动顺利实施。同时提高教师自律性和参与教研活动的积极性，用制度确保主题式校本教研活动持续发展。

（3）要着力提升学科组长和备课组长的素质，发挥其管理作用、组织作用、策划作用、引领作用。一支强大的校本研修管理团队，是高质量研修活动中的重要前提。

（4）要发挥现代教育信息技术的支撑作用，让现代教育技术成为重要的技术支撑，为教师搭建起学习交流、反思互动的平台。校本研修平台的搭建与使用是促进校本研修活动形式灵活多样的重要支撑。

（5）要提高教师对校本研修意义的认识，部分教师存在高原现象，内驱力不足，也有部分教师存在畏难情绪。

（6）要指导教师确立科学合理的小课题，提炼有价值的问题是小课题研究的关键环节，确立正确的研究方向同样至关重要，可以使取得高价值的研究成果事半功倍。

## 三、参考文献

［1］徐世贵．校长怎样抓教育科研［M］．天津：天津教育出版社，2009.

［2］徐世贵．怎样听课评课［M］．沈阳：辽宁民族出版社，2000.

［3］傅建明．教师专业发展：途径与方法［M］．上海：华东师范大学

出版社，2007.

［4］佚名．让主题式校本教研成为教师个性发展的平台——《农村小学主题式校本教研的研究》成果报告书［EB/OL］．（2011－10－05）［2020－08－11］. http：//blog. sina. com. cn/s/blog_4ccf776c0100u3px. html.

# 课题九　小学高年级数学家庭作业有效性研究

## 一、课题组成员信息及分工情况

### （一）课题组成员信息（见表9－1）

**表9－1　　课题组成员信息**

<table>
<tr><td rowspan="2">课题主持人</td><td>姓名</td><td colspan="2">单位</td><td>性别</td><td>现任职务</td><td>出生年月</td><td>学科</td></tr>
<tr><td>霍金军</td><td colspan="2">天津市滨海新区汉沽体育场小学</td><td>男</td><td>副校长</td><td>1972年8月</td><td>数学</td></tr>
<tr><td rowspan="5">课题组主要成员</td><td>姓名</td><td>学科</td><td>年级</td><td>职务</td><td colspan="3">单位</td></tr>
<tr><td>刘炳辉</td><td>语文</td><td>五年级</td><td>副校长</td><td colspan="3">天津市滨海新区大港小王庄第二小学</td></tr>
<tr><td>刘泽香</td><td>语文</td><td>六年级</td><td>校长</td><td colspan="3">天津市滨海新区塘沽新港第二小学</td></tr>
<tr><td>张杰</td><td>数学</td><td>五年级</td><td>校长</td><td colspan="3">天津市滨海新区大港第十二小学</td></tr>
<tr><td>常喜珍</td><td>数学</td><td>六年级</td><td>校长</td><td colspan="3">天津市滨海新区大港福源小学</td></tr>
</table>

### （二）课题组成员分工情况

霍金军：负责调查问卷制作及调查结果汇总分析，小学数学有效家庭作业模式的研究及结题报告起草。

刘炳辉、刘泽香：负责小学数学有效家庭作业设计策略的研究。

张杰：负责小学数学有效家庭作业布置与批改模式的研究。

常喜珍：负责小学数学有效家庭作业评价策略的研究。

## 二、课题详细信息

### （一）课题由来

#### 1. 家庭作业现状令人担忧

在教学实践中，我们发现，教师投入家庭作业设计中的精力微乎其微。对于家庭作业设计，教师常常表现出随意性和应试性的特点。一种是拿一些现成的习题敷衍了事；另一种是为应试而设计，设计出来的作业以教师为中心，以教材为中心，以教辅材料的习题为主，大都机械重复，毫无趣味。这样的家庭作业，不但不能激发学生学习的兴趣和培养学生的思维能力，反而加重学生的学业负担，令学生望“业”生畏，甚至出现“作业恐惧症”。家庭作业成了师生的双重负担。

#### 2. 新课程理念对家庭作业改革的呼唤

《义务教育数学课程标准（2011 年版）》明确指出，义务教育阶段的数学课程，其基本出发点是促进学生全面、持续、和谐发展。显然，传统的家庭作业已经不能适应时代的发展，这就急需探究一种更切合学生身心发展的家庭作业模式，使学生从大量机械、重复的家庭作业中解脱出来，使教师从繁重的作业批改中解脱出来，激发学生的学习兴趣，加强数学学习与时代发展以及现实生活的联系，真正使家庭作业能承载促进学生发展的重任。

#### 3. 减负的关键是作业改革

在数学教学中，作业是学生学习的基本活动形式，学生数学概念的形成、数学知识的掌握、数学方法与技能的获得、智力和创新意识的培养，都离不开作业这一基本活动。然而，诸多小学数学作业的设计与开发对学生数学观念的建立、创造性思维的培养以及主动探究的体验等的促进作用仍显不足。教师只有以学生的发展为本，加强作业的设计研究，才能实现真正的“减负增效”。

**4. 对家庭作业研究的空白**

从资料查找中可以看出，以往的课题研究大多只重视课堂教学、课堂作业形式和类型等方面，如浙江省沙门镇中心小学的《小学数学探究性作业设计的研究》，江苏省镇江市中山路小学的《新课程标准下数学作业评价的研究》等，对家庭作业有效性方面的研究却并不多见。

现实的需求与实际研究空白之间的矛盾，使这项研究成为必然。我们提出并开展此项课题研究，试图探索出指导小学高年级学生家庭作业的具体策略，以丰富学生的作业内涵，改善学生的数学学习状况，切实减轻学生过重的课业负担，提高学生的数学学习效果，为“轻负担高质量”工作探索一条有效途径。

## （二）课题界定

家庭作业是指学生在课后所完成的作业，它是课堂教学的延续，对于巩固课堂教学、提高学生的学业成绩起着重要的作用。

数学家庭作业是学生数学学习过程中一个不可缺少的环节，具有十分重要的意义。学生完成数学家庭作业的过程，应该是一个促进学习内容理解与内化的过程。因此，作业内容、作业形式、作业量、作业批改与作业评价等的不同，会直接影响学生的学习效果。

有效性是指确实起到作用并发挥更好的作用。

小学数学高年级家庭作业有效性研究是指调查五、六年级小学生数学家庭作业的现状，并在此基础上进行研究、思考与实践，获得提高家庭作业有效性的实施策略的研究。

## （三）研究目标

**1. 改进家庭作业设计与评价策略**

以小学五年级数学家庭作业为载体，研究出一套实用的家庭作业设计、批改和评价策略，使研究成果具有借鉴作用。

**2. 减轻学生负担，促进学生发展**

实现家庭作业的有效性，能使学生及时有效地检验、巩固已学知识。有效的家庭作业可以切实减轻学生的学业负担，激励和促进学生对学习内容的理解与内化、巩固与掌握、拓展与应用，激发学生学习兴趣，培养良好的学习习惯，促进儿童学习能力的提高。

**3. 减轻教师负担，促进专业成长**

通过研究，建立和完善新课程体系下与教材配套的家庭作业体系，可以克服教师留作业的盲目性、随意性，也可以让教师从繁重的作业批改中解脱出来，增进老师的新课程意识和效率意识，进而促进教师的专业成长。

### （四）研究内容

（1）小学数学有效家庭作业设计策略的研究。

（2）小学数学有效家庭作业模式的研究。

（3）小学数学有效家庭作业布置与批改模式的研究。

（4）小学数学有效家庭作业评价策略的研究。

### （五）研究情况

本课题的研究主要分为三个阶段。

**1. 准备阶段（2017 年 7—9 月）**

主要工作：①选题、成立课题组；②申报课题；③开题论证；④课题组教师学习相关理论、收集信息、借鉴经验，确定初步的课题研究方案。

**2. 实施阶段（2017 年 10 月—2018 年 6 月）**

（1）通过问卷、座谈等形式对学生、家长、教师进行调查，内容包括对现阶段数学家庭作业内容、形式和数量的意见，对今后数学家庭作业的要求、希望和看法。

（2）课题组教师以基础性作业、拓展性作业、开放性作业、合作性作业、实践性作业、探究性作业设计研究的要求，以某个知识点、某单元内容、某类型知识开展一种或几种优化家庭作业设计的研究，并写出研究课例及阶段小结，课题组进行阶段研究总结，写出中期研究报告。

（3）在实施过程中，每月（特殊情况除外）组织一次课题组教师交流作业设计的信息，调整实施方案，并聘请专家指导。

**3. 总结阶段（2018 年 7—8 月）**

主要工作：①收集整理各种原始资料，汇编成册；②教师撰写研究论文；③进行研究总结，撰写课题结题报告；④申请结题。

### （六）研究结论

**1. “有效家庭作业”的设计原则**

经过课题组研究，我们认为有效家庭作业的设计原则可以归纳为以下七点。

（1）差异性原则。

《义务教育数学课程标准（2011 年版）》中强调，让不同的人在数学中得到不同的发展。所以教师在布置作业时要坚持差异理论，找准学生学习的最近发展区，设计和布置适宜不同层次学生的分档作业，更深层次地唤醒学生对数学学习的兴趣，最终实现“人人能练习、人人能成功”。

（2）趣味性原则。

兴趣是学习的最好老师。为了激发学生对作业的兴趣，要在作业形式的多样化上下功夫，在“趣”字上做文章。

（3）自主性原则。

有效的家庭作业设计应体现自主性，不要总习惯于“清一色”，还要“混一色”，既体现教师的主导性，又彰显学生的自主性。

（4）实践性原则。

“人人学有价值的数学”。何为有价值的数学？简言之，就是来源于生活的数学，有助于解决实际问题的数学，好的作业应该有助于学生实践能力的形成。

（5）合作性原则。

《义务教育数学课程标准（2011 年版）》中明确要求，学会与人合作，并与他人交流思维的过程和结果。在作业中应十分注重这一目标要求。

（6）开放性原则。

开放题是小学数学作业的开放性设计的主要体现。

（7）延展性原则。

义务教育阶段的数学课程，其基本出发点是促进学生全面、持续、和谐发展。这就要求数学教学要使学生获得可持续发展的数学知识及数学思想方法，努力培养学生的创造能力，还要帮助学生树立正确的人生价值观。因此作业设计还要具有延展性。

**2. "有效家庭作业"的设计类型**

有效数学家庭作业的设计要以批判性的眼光看待传统数学作业，继承与发扬其优点，抛弃其难、繁、偏、旧的弊端，淡化浓重的人为编造的痕迹，设计出形式多样的数学家庭作业。我们可以从作业素材选择的角度将数学家庭作业分成趣味型、信息型、情境型和应用型；从作业形式的角度将其分成阶梯型、开放型、实践型和日记型。

（1）趣味型作业。

苏霍姆林斯基说过：学生带着一种高涨、激动的情绪从事学习和思考，对面前所显示的真理感到惊奇甚至震惊；学生在学习中意识到自己的智慧力量，体会到创造的快乐，为人的智慧和意志的伟大而感到骄傲，这就是兴趣。为了唤起学生的学习兴趣，家庭作业的设计就要摆脱那种机械重复、枯燥乏味、死记硬背、无思维价值的作业。教师通过设计趣味型作业，激发学生的求知欲，促进思维的活跃，保持学习的持久，使学生一看作业的内容就"有干劲"。

【案例 1】在教学《多边形的面积》一课后设计这样一道作业：孙悟空和猪八戒取经后，师傅赏给了两人一块正方形的田地（见图 9－1），怎么分呢？孙悟空用金箍棒从一个顶点出发划出一条分界线，猪八戒一看急了，孙悟空安慰道："别急，咱们一起沿着自己的地走一走（速度一样），看是不是同时到达，如果能同时到达，我们的地不就一样大吗？"是这样吗？

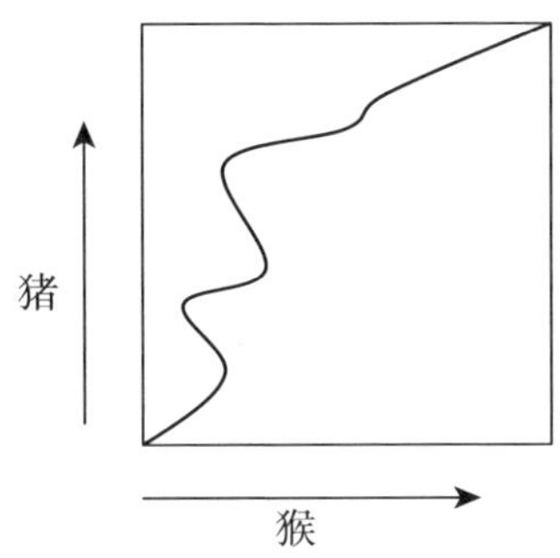


**图 9－1　正方形的田地**

设计解读：学生对作业是否感兴趣，在很大程度上取决于作业形式与内容的趣味性与新鲜度。他们对内容枯燥、形式单调的作业感到乏味，而喜欢贴近生活、形式新颖的作业。案例 1 从学生熟悉的动画人物、生动逼真的情境中提出有趣的数学问题，引发学生的探求兴趣，让学生在观察、思考、探究中自主尝试解决问题。

（2）信息型作业。

【案例 2】在五年级学习完复式折线统计图后，老师布置收集并整理第 25～29 届奥运会实力比较强的几个国家的奖牌数，并绘制成第 25～29 届奥运会上中国、美国和俄罗斯运动员获奖情况统计表（见表 9－2）。根据统计表提供的信息，回答下列问题。

**表 9－2　第 25～29 届奥运会上中国、美国和俄罗斯运动员获奖情况统计表**

| 国家 | 第 25 届 | | | 第 26 届 | | | 第 27 届 | | | 第 28 届 | | | 第 29 届 | | |
|---|---|---|---|---|---|---|---|---|---|---|---|---|---|---|---|
| | 金 | 银 | 铜 | 金 | 银 | 铜 | 金 | 银 | 铜 | 金 | 银 | 铜 | 金 | 银 | 铜 |
| 中国 | 16 | 22 | 16 | 16 | 22 | 12 | 28 | 16 | 15 | 32 | 17 | 14 | 51 | 21 | 28 |
| 美国 | 37 | 34 | 37 | 44 | 32 | 25 | 39 | 25 | 33 | 35 | 39 | 29 | 36 | 38 | 36 |
| 俄罗斯* | 45 | 38 | 29 | 26 | 21 | 16 | 32 | 28 | 28 | 27 | 27 | 38 | 23 | 21 | 28 |

* 第 25 届奥运会数据为独联体的获奖牌数，俄罗斯只是其成员国。

（1）从这个统计表里你都了解到了哪些信息？

（2）你还能用什么样的方式把这些数据更加直观、形象地呈现出来？

（3）猜想：下一届伦敦奥运会中国金牌总数还能拿第一吗？你是从哪些数据中分析出来的呢？说明你的理由。

设计解读：信息化社会要求人们能对外界纷繁的信息迅速做出筛选、统计、分析和转化，即个体要具有较高的信息素养。这种要求体现在数学教学中，就是要让学生学会利用数据进行推断、作出决策，并能利用数学知识恰当地估计生活中的事物和信息，从而培养数感。此作业设计就较好地体现了这种需要。

（3）情境型作业。

【案例3】小林于6：30起床，学校8：00上课。图9－2描述了小林从起床到上课前这段时间的活动情况。请结合你的想象，写一个简单的故事叙述这段时间小林的活动情况。

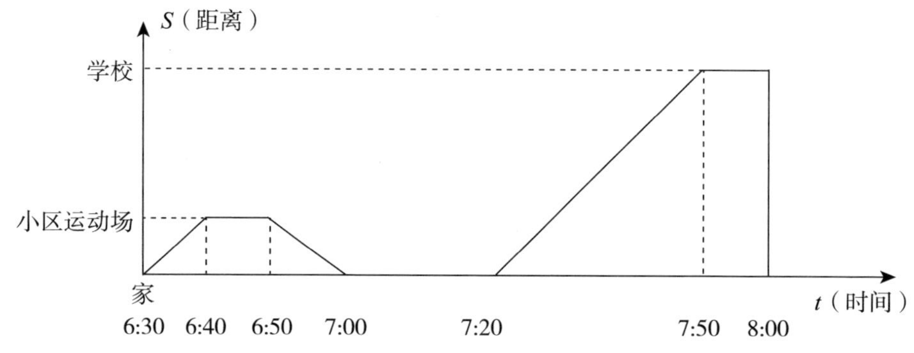


**图9－2　小林从起床到上课前这段时间的活动情况**

设计解读：情境作业，即给学生一个人文化的作业环境，在作业的内容设置上融入情境，从而使学生全身心投入作业的情境之中，在情境中解决问题。这些情境并不是人为臆造的，而是真实来源于我们的生活。可以作为数学作业设计的情境很多很多，我们要做一个关心时事的有心人，把一些情境、数据引入作业中，使学生对作业感兴趣。本案例创设了小林从起床、小区运动场活动以及上学等活动情景，学生在观察、猜测、反思等过程中，获得积极的情感体验，同时也培养了学生提取和应用信息的能力。

（4）应用型作业。

【案例4】电话费的收费标准如下：本市通话，前3分钟收费0.2元，以后每分钟（不满1分钟按1分钟计算）收费0.1元。直拨港澳台通话，每6秒钟收费0.2元（不满6秒钟按6秒钟计算）；若加拨代码“201333”，则每分钟约收费0.6元。

（1）艳艳用加拨代码“201333”的方式打给住在中国香港的姑姑，共花了7.8元。她大约打了多长时间的电话？

（2）港澳台通话，直拨的方式与加拨代码“201333”的方式，哪种更优惠？每分钟优惠多少钱？

（3）艳艳打电话问同学作业用了5分12秒，需要花多少钱？

【案例5】图9－3中标注的部分是长方体的高，请你结合自己的生活经验，给下列物体（见图9－4和图9－5）中相当于高的那部分取个适当的名称。

**图9－3　长方体的高**　　**图9－4　面包**　　**图9－5　游泳池**

设计解读：面对实际问题时，学生能主动尝试从数学角度运用所学知识和方法寻求解决问题的策略，这是数学能力的体现。所以，作业要联系生活实际，注重应用性，广泛撷取学生熟悉的生活素材，进行适当的剪辑、提纯、结构化，使之成为学生解决实际问题的好素材。案例4根据学生熟悉的打电话的生活情景，设计了一组问题串，组成一个问题场，旨在检测学生读题、分析、综合、比较以及应用运算解决生活问题的能力。解题的过程其实也是经历一次探索与创新的过程。案例5要求学生给面包厚度、水池深度取名字，既考查了学生应用知识解决实际问题的能力，同时也发展了学生的应用意识。

（5）阶梯型作业。

【案例6】在教学“2、5和3的倍数的特征”这一内容时，设计三个梯度的作业，学生可以根据自己的能力自由地选择不同层次的作业进行练习。

A级：判断下列各数哪些是2、5和3的倍数，回答2、5和3的倍数的特征是什么。

270、243、4170、675、475、6192、618、120、210

B级：以上各数哪些同时是2和3，3和5，2、5和3的倍数，并说说它们各个位上有什么特征。

C级：在下列横线上填上合适的数，使它们同时是2、5和3的倍数。

27______ 4______ 60 ______ 1250 ______ 20

设计解读：新的数学课程突出体现了基础性、普及性和发展性，使数学教育面向全体学生。我们教育的对象有不同的兴趣爱好与不同的发展潜能。因此，我们设计作业要考虑不同学生的知识基础、思维能力、兴趣爱好，有针对性地设计不同层次、不同类型和不同水平的问题。学生可根据自己的学习水平自主选择，就像超市购物一样，这样的作业也可以称为“超市作业”。教师可以用以下三种方法来设计“超市作业”：①提出不同的作业要求；②提供不同的作业内容；③提出不同的作业形式。

（6）开放型作业。

【案例7】在教学完“长方体和正方体的表面积、体积”一课后设计开放型的作业：海牌高档无尘粉笔（50支）的小包装（长方体）尺寸是9cm×5 cm×7.5 cm，现准备将12盒组成一个大包装，请设计一个包装方案，并计算这个大包装的表面积至少是多少平方厘米。此设计学生可以从不同的角度设计不同的包装方案，例如1盒×12盒、2盒×6盒、3盒×4盒，学生在开放的设计中思维得到了发展。

设计解读：开放主要表现在解题方法多样、问题答案不唯一等方面。在学生学习过程中，引导学生打破常规，对产生问题的可能性条件展开多侧面、多角度的思索，提出不同寻常的答案，发展学生潜能，培养学生创新意识。这样的作业训练，能促使学生的思维在求异基础上聚合，从凌乱的状态向有序的状态转化。

开放型作业力求做到“四放”：一是作业内容要开放，既可以与教材内容相联系，也可以与学生生活相结合，还可以与社会活动“接轨”，题材广泛，思路开阔；二是作业形式要开放，让学生根据自己的爱好、特长和表达的需要自主选择；三是完成作业的方法要开放，查阅、访问、调查、实践……可以独立完成，也可以几个同学合作完成，甚至可以请家长、老师共同完成；四是完成作业的时间要开放，有的可以一两天完成，有的可以一周内完成，有的可以一个月完成，甚至可以一学期完成。

（7）实践型作业。

【案例8】在学习了“长方体表面积”概念之后，布置一道实践型作业：请同学们回家后，选择你喜欢的长方体形状的物体，把它们的表面积算出来，并在作业本上记录下你获得结果的整个过程。作业答案如下：

同学1：我测量的物体是家中长方体茶叶盒。我测量出每个面的长和宽，并算出每个面的面积，然后把6个面的面积加起来。可后来我发现，有几条棱我测量了两次，经过分析，我知道了只要测量出茶叶盒三个不同面的长和宽就可以算出它的表面积。

同学2：我测量了家中DVD机相交于一个顶点的三条棱的长度，也就是DVD机的长、宽、高，结果分别是40厘米、30厘米、10厘米，然后计算出它的表面积。

……

【案例9】图9－6是一个梯形，如果把这个梯形的上底逐次增加1厘米，下底逐次减少1厘米，高不变。观察表9－3：

**图9－6　梯形**

**表9－3　　梯形上底、下底、高、面积变动情况一览**

| | 图形1 | 图形2 | 图形3 | 图形4 | 图形5 |
|---|---|---|---|---|---|
| 上底（cm） | 6 | 7 | 8 | 9 | 10 |
| 下底（cm） | 10 | 9 | 8 | 7 | 6 |
| 高（cm） | 4 | 4 | 4 | 4 | 4 |
| 面积（$cm^2$） | 32 | 32 | 32 | 32 | 32 |

（1）你发现了什么？

（2）图形1变化到图形3时，变成了（　　　　）形。

（3）小军说图形5的形状刚好是图形1的倒置，他说得对吗？说说你的理由。

【案例10】在学习了复式统计图之后，布置作业：选择“今年天津4月春季气温变化情况”的小课题，然后采用个人或小组合作的方式进行数据的收集整理、研究方法的选择、研究现象的分析与研究。

（1）从哪里收集到有关的数据？

（2）今年4月天津地区气温情况统计。

（3）用什么样的统计图表现最鲜明具体？

（4）根据表中数据绘制统计图。

（5）从统计图中可以分析出哪些情况？

（6）你对气象部门提出哪些建设性意见？

设计解读：实践型作业可以包括操作型作业（如案例8）、探究型作业（如案例9）和小课题型作业（如案例10），这些问题都需要学生联系实际生活，综合运用数学知识来解决。操作型作业使学生能在动手、动口、动脑中学数学，能运用所学知识去测量、收集、选择、分析、设计、解释信息。探究型作业可以引导学生在探究活动中充分经历探求事物的数量关系、变化规律的过程，主动获取知识，不断丰富数学活动的经验，学会探索，学会学习。小课题型作业已成为作业改革的重要趋势，学生在经历收集信息、处理信息、分析信息的过程后，得出初步的研究结论，撰写小型研究报告或实验报告，使学生学会用数学的知识解决简单的实际问题，感受数学与社会的联系。这种体验对学生养成敏锐的数学眼光、科学的思维习惯以及科学的意识大有益处。

（8）日记型作业。

【案例11】学生日记摘录——这几天，我们住的小区经常停电，听老师说现在全市正在限电，为什么要限电呢……为此，我调查了我们班日光灯用电量：每根灯管是40瓦，一盏1小时就是40瓦，那么，在我们的教室里一节课要耗电多少瓦呢？我们教室共有7盏灯，1小时就是$7\times40=280$（瓦）。可一节课的用电量怎么算呢？请教的六年级同学告诉我要用到分数乘法，一节课占1小时的$\frac{2}{3}$，就是$280\times\frac{2}{3}\approx186.67$（瓦）。可是五年级没学分数乘法啊，怎么办？苦思冥想突然明白了，1小时等于60分钟，我可以先求1分钟耗电多少瓦，再求40分钟的不就可以吗？计算中发现：$280\div60$的结果是循环小数，这可怎么办？询问老师后得知可以取近似数保留适当的位数，我就把结果保留两位小数得到1分钟耗电大约4.67瓦，再计算一节课的耗电量$4.67\times40=186.8$（瓦）。呵，原来上一节课大约耗电186.8瓦呀！我们以后还真应该多注意节约用电才是。

设计解读：学生把在生活中发现的数学问题、数学学习中知识形成的过程或产生的困惑、数学学习中产生的思维火花等，以日记的形式呈现出来，这就是数学日记。随着数学新课程的实施，数学日记也逐渐成为数学老师布置作业常用的形式之一。通过日记方式，帮助学生养成事事、时时、处处运用数学知识的习惯，调动了他们主动学习数学、创造性运用数学的积极性。以数学日记替代部分机械、重复性的作业，可切实提高学生学习数学的兴趣。上述案例中的日记，学生关注到了“为什么要限电”这一有研究价值的问题，然后通过调查及数据信息的计算分析，提出观点而形成了文章，将自己的感性经验认识提升到理性认识。

**3. 改革家庭作业布置模式**

经过研究发现，在家庭作业布置的模式上，分层式的家庭作业模式可以有效提高学生数学家庭作业的效率。在设计家庭作业时，教师主要考虑三个方面的分层：①作业数量的分层；②作业难度的分层；③作业题型的分层。作业数量的分层是指我们可以根据学生个体情况和对其发展的不同要求对作业量进行增减。对于学习能力强、态度认真、知识掌握较快的学生可以不留作业或减少重复的作业；对于学习能力薄弱、态度不够认真、知识掌握不够牢固的学生可适当增加作业量。这样可以让学有余力的学生获得自由发展的时间和空间，让所有学生都能得到充分发展，真正做到教育面前人人平等。作业难度的分层是指作业的难度应略高于学生原有的知识水平，由易到难，层层递进，给学生一个可以选择的范围，能力强的学生可选做较难的，能力稍微弱些的学生可以做简单的。作业题型的分层在前文中已经提到，此处不再论述。

**4. 优化家庭作业批改模式**

家庭作业的批改模式除了传统的教师笔头批阅，还可以根据作业的特点开展互批自改、组长批阅和教师面批的模式。

（1）互批自改。

心理学表明：小学生在别人对其寄托希望时会体现出相当强的责任心，因而同学互批作业往往能在一定意义上实现比教师更为细致的批改。他们常常会就作业中的一句话、一个词乃至一个符号提出质疑、反复琢磨。学生互批自改作业，不但可以减轻教师的作业批改负担，而且更重要的是通过互批互改，培养和发展了学生的观察、分析和判断问题的能力，令学生从主观上提高对自己作业质量的要求。对于基础性的家庭作业，由于学生一般都能掌握，因此采用同桌互批的办法就可以了。具体方法是教师给出正确的答案，学生按照答案与同桌进行互相批改，指出同桌做错的地方，并监督其及时订正。

（2）组长批阅。

对于一些选做题，因其难度不大，学生基本上也能完成与掌握，教师可委托小组长进行批阅。具体办法是教师批改数学课代表的作业，并告诉其要点，由课代表负责批阅小组长作业，并对其进行辅导，再由小组长批阅组员作业。这样批改，学生的积极性很高，可以培养学生的参与意识，提高作业质量和学习兴趣。

（3）教师面批。

作业面批更好地体现了因材施教的教学原则，针对每个学生的知识差异，批改作业当堂、当面进行，方法应因人而异，这样做对于促进学生的最优发展是相当有效的。当然很多人认为这是对学困生所用的一贯手法，而重点面批这一艺术性批改策略对于促进优异学生的学习同样非常必要。许多向来成绩优异的学生容易滋生自满心理，看不清自己进一步努力的方向，而当面批改、响锣重敲的做法恰能有效地消除这种隐患。而且这样的批改方式对作业的反馈校正更快，更有效地起到了作业应有的效果。

**5. 优化作业评价策略**

数学作业评价是学生学习评价的重要方面，也是提高教学实效的有效途径，然而传统的数学作业评价方式单一，没有真正发挥其功能。经过实践，我们认为数学书面作业评价是教学的一面“镜子”，是师生交流的一个“平台”，能激发学生的学习兴趣、发展潜能；能促使师生情感互动、和谐共存。

（1）评价内容由关注作业结果转向关注作业完成的过程。

传统的作业评价其主要目的是教师通过对作业对错的判断，来反馈学生的知识掌握情况，并以此来判断自己课堂教学的得失。《义务教育数学课程标准（2011 年版）》指出，评价的目的是全面了解学生的学习状况，激励学生的学习热情，促进学生的全面发展。所以对学生的作业评价要由关注作业结果转向关注作业完成的过程。

首先，要关注学生的作业习惯。如采用星级制评定方法，“作业本整洁”得1颗星，“书写工整”得1～2颗星，这样的评价有助于学生养成良好的作业习惯。

其次，要关注学生的思维过程。解答同一道题，有的学生解答过程简洁明了，有的学生烦琐复杂；有的学生思维严密，有的学生粗心马虎。哪怕是错误，出错的方式也不一样，教师应用评语有针对性地进行指点与引领，使学生在获得知识的同时体会到理解、信任、尊重与鼓励。

最后，要关注学生个体差异。“让不同的人在数学中得到不同的发展”，这一理念要求教师克服标准绝对化的倾向，用不同的尺子衡量不同的学生，注重学生的发展进程，强调个体现在与过去的比较，使学生真正感受到自己的进步。

（2）评价方式由常规单一转向灵活多样。

结合五年级学生的年龄特点，我们改变评价符号，采用评语的形式，与学生心灵互动，激发学生的学习热情。

1）评语指导，思考改错。当学生作业中出现审题、计算、观察、分析、判断等方面的错误时，可以用如“认真审题，想清意思，再解题好吗”等评语指导学生对自己的解答过程进行回顾、检查，找出错误原因并写出正确的解答过程。

2）评语激励，增强信心。当基础较差的学生写出前面一部分答案时，可以用“你一定行的，再想一想就能想出来了”对其进行激励。此外，“你的字写得真漂亮”“你好棒呀”“真有创意，上课要大胆一点说出你的想法就更好了”等语言既让学生信心倍增，又使学生很乐于接受教师提出的要求。

3）评语点拨，拓宽思路。如培养学生从多角度、多方面去分析、思考问题，利用评语“解得巧、方法妙”肯定其独特的解法，还可以写上“还有更好的解法吗”“爱动脑筋的你一定还有高招”……这样的评语可以激发学生的创新意识，启迪心灵，鼓励他们大胆做出假设、验证、归纳等尝试。

4）评语促进，养成习惯。教师对学生的作业书写、格式以及计算过程要严格把关，这些都是体现良好学习习惯的外在标准。及时用恰当的评语指出学生作业中的不足之处，学生易于接受并随之加以改正。如“你很聪明，如果字写得再好一些就更好了”“结果正确，格式正确吗”等评语，这样一方面不打击其自信心，另一方面能纠正其不良倾向，培养其严谨的学习态度。

（3）评价主体由单一转向多元。

评价不仅仅局限于教师对学生的评价，应让学生展开自评与互评，也可以有选择地让家长参与评价过程。这样一来，学生不再是被动接受老师的评价，而是主动进行自我评价，加上家长的共同参与，形成教育合力，学生学习的积极性就大大提高，对待学习的态度也会上升到一个新的台阶。

**6. 课题研究的成效**

一年来，我们的研究伴随着我市的“轻负高效”教学工作的实施展开。我们在此过程中真切地体会到小学数学家庭作业的研究不仅是我们提高教学质量的有效途径，更是减轻学生过重课业负担的一条重要举措。

（1）学生方面的研究成效。

1）减轻了学生的课业负担。课题实施以来，学生的心理负担和作业负担都有一定程度的减轻。在作业改革以前，有 55% 的学生家长反映自己的孩子作业量比较多，现在只有 15% 的家长反映学生作业量多。多数家长反映学生做完作业后仍有时间可以自由支配，在这段时间很多孩子可以做自己感兴趣的事。学生的负担减轻了，学业成绩提高了，家长自然支持。在我们的问卷调查中，认为学生作业改革“有必要”的占 85%，“很有必要”的占 45%。在对作业改革的建议中，普遍反映“自从数学作业形式和内容改变以来，学生对学习更有兴趣”“学生自主选择作业的形式很好，学生能根据自己的实际情况选做作业”。

2）使每个学生获得成功的体验。分层次的作业设计与布置形式，实现了让优等生“吃得好”，中等生“吃得饱”，后进生“吃得了”的分层效果，有利于学生个性发展，使每一个学生都体验到成功的喜悦，特别是一些学困生的成绩有了明显的提升。

（2）教师的发展。

1）教师的教学理念发生转变。课题组教师树立了新的作业观、评价观，明确了自己在教学中组织者、引导者与合作者的角色定位。教师认为这种作业集动手操作、收集信息、语言与书面表达能力于一体，实际是对学生运用知识、解决实际问题能力的综合评价。开放的作业方式，多元化的评价内容，不仅让学生学会了用不同方法巩固知识、获取知识、解决问题，而且关注了学生在数学活动中的情感态度，学生体验到数学与社会的紧密联系，拓宽了知识面。

2）提高了自身的教学和科研水平。通过一年的教学实践研究，教师的教科研水平有了明显的提高，教学经验得到了丰富，科研能力得到了提高。在学校组织的课题研究成果汇报会上，本课题研究成果汇报受到领导与老师的好评。本课题研究得到学校领导的大力支持，他们为课题组教师提供了很多学习和交流的机会。另外，课题组教师利用课余时间广泛阅读各类报刊，不断学习有关作业设计方面的理论知识，丰富了教学评价理论，更新了教育观念，在实验中不断反思，在反思中不断进步。

## 三、参考文献

［1］史宁中．义务教育数学课程标准（2011 年版）解读［M］．北京：北京师范大学出版社，2012.

［2］孔企平．小学儿童如何学数学［M］．上海：华东师范大学出版社，2001.

[3] 仲玉英. 新课程与新作业——小学生作业新概念 [J]. 教学月刊(小学版), 2003 (9).

[4] 陈剑华. 关于中小学作业形式、作业评价问题的思考 [J]. 上海教育, 2001 (24).

[5] 王丽杰. 小学生学习质量评价体系的探索 [J]. 现代中小学教育, 2002 (11).

[6] 教育部基础教育司. 走进新课程 [M]. 北京: 北京师范大学出版社, 2002.

[7] 张飞. 如何落实课文后的实践性作业 [J]. 小学教学研究, 2002 (3).

[8] 王玲娅. 小学数学课外作业的设计策略 [J]. 现代教育科学 (小学教师), 2010 (2).

[9] 李家强. 提高小学数学家庭作业设计有效性的研究 [J]. 陕西教育 (教学版), 2011 (10).

[10] 刘小艳. 浅谈小学数学作业的布置 [J]. 新作文 (教育教学研究), 2010 (23).

[11] 郑毓信. 国际视角下的小学数学教育 [M]. 北京: 人民教育出版社, 2003.

[12] 韩立福. 新课程有效课堂教学行动策略 [M]. 北京: 首都师范大学出版社, 2006.

# 课题十　新课改背景下高中生涯规划课程体系构建及实践研究

## 一、课题组成员信息及分工情况

### （一）课题组成员信息（见表 10－1）

**表 10－1　　课题组成员信息**

<table>
<tr><td rowspan="2">课题主持人</td><td>姓名</td><td colspan="2">单位</td><td>性别</td><td>现任职务</td><td>出生年月</td><td>学科</td></tr>
<tr><td>张连刚</td><td colspan="2">天津市滨海新区塘沽第十三中学</td><td>男</td><td>副校长</td><td>1969 年 1 月</td><td>英语</td></tr>
<tr><td rowspan="6">课题组主要成员</td><td>姓名</td><td>学科</td><td>学段</td><td>职务</td><td colspan="3">单位</td></tr>
<tr><td>郭惠芳</td><td>数学</td><td>高中</td><td>教务主任</td><td colspan="3">天津市滨海新区塘沽第十三中学</td></tr>
<tr><td>应晓阳</td><td>地理</td><td>高中</td><td>教务副主任</td><td colspan="3">天津市滨海新区塘沽第十三中学</td></tr>
<tr><td>田源</td><td>语文</td><td>高中</td><td>教科室副主任</td><td colspan="3">天津市滨海新区塘沽第十三中学</td></tr>
<tr><td>冯大坤</td><td>化学</td><td>高中</td><td>德育主任</td><td colspan="3">天津市滨海新区塘沽第十三中学</td></tr>
<tr><td>丁明华</td><td>心理</td><td>高中</td><td>教师</td><td colspan="3">天津市滨海新区塘沽第十三中学</td></tr>
</table>

### （二）课题组成员分工情况

张连刚：负责课题研究全面工作，制订整体研究方案及撰写结题报告。

郭惠芳、应晓阳：负责课题具体实施方案制订、材料整理及相关培训。

田源、冯大坤：负责课程实施过程管理、活动组织及总结。

丁明华：负责课题相关课程实施、指导、测试及数据分析。

## 二、课题详细信息

### （一）课题由来

新的招考制度下课程改革把促进学生健康成长成才、提高学生综合素养作为出发点和落脚点，把增加学生的选择权、促进科学选才作为高中深化课程改革的重要价值取向和改革目标，积极推进高中课程多样化，加大力度开展高中生涯规划教育，从而有利于学生实现共同基础上的个性化发展。我校根据《教育部关于全面深化课程改革落实立德树人根本任务的意见》（教基二〔2014〕4 号）及《天津市普通高中学生发展指导实施意见》精神，积极探索在深化课程改革中实施生涯规划教育，构建生涯规划课程体系及实践活动，开展本课题的研究工作。本课题结合天津市课程改革要求及学校发展实际需求，通过开展高中生涯规划课程体系的构建与实践的研究，探索学校高中生发展指导的有效策略及方法，通过开设系列课程及有效实施，帮助高中学生正确认识与评价自我，树立目标，激发潜能，掌握方法，提升能力，为今后发展做好准备。

### （二）课题界定

#### 1. 新课改

2014 年《国务院关于深化考试招生制度改革的实施意见》（国发〔2014〕35 号）（以下简称“意见”）发布，标志着新一轮基础教育课程改革，即招考制度改革推动课程改革开始。在该“意见”中，对高考录取进行了顶层设计，提出“两依据，一参考”，即依据统一高考成绩、高中学业水平考试成绩，参考高中学生综合素质评价信息。学生根据报考高校的要求、自身的特长及未来发展方向，在六门学科中选择三个科目计入总成绩，其显著特点是增加了学生的选择性。为什么选、选什么、怎样选，这些问题都是需要指导的。这也恰恰是学校迫切需要加强学生生涯规划、生涯教育指导的原因。

**2. 生涯规划**

生涯规划又称职业生涯规划，是指在对个人的主客观情况进行测试、总结的基础上，对自己的特点、优势及不足等进行综合分析、判断，结合实际情况，确定自己的职业发展方向及目标，并为实现目标做出通道设计。在普通高中开展生涯规划教育，就是引导学生尽早正确认识自我、认识外部世界、认识自我与生涯规划的关系、认识生涯规划与外部世界的关系。高中阶段生涯发展的主要任务是自我认知、职业认知、生涯规划、专业定位及学习发展。

**3. 课程体系**

课程体系是指在一定思想引领下，将不同类别课程排列组合，使各个课程的核心要素在实施过程中体现并达到预设目标的系统。构建生涯规划课程体系，通过开设及有效实施系列生涯规划课程，帮助高中学生了解未来的需求，正确认识自己，选择发展方向，树立目标，激发潜能，掌握方法，提升能力，为今后的人生发展奠定基础。

### （三）研究目标

（1）依据普通高中课程改革要求，构建生涯规划课程体系，推动生涯教育的实施。

（2）通过实践课程实施，提升师生的生涯意识，提高生涯规划能力，为未来的学习、工作和终身发展做准备。

### （四）研究内容

（1）生涯规划指导课程的开设与设计研究。

针对课程改革的要求，在全体学生中开设生涯规划指导必修课程，使学生掌握生涯规划的基本方法，明确未来发展方向与目标，做好实现目标通道设计。

（2）学科认知课程的研究。

寓生涯教育于学科教学之中，根据不同学科核心素养的要求，充分挖掘学科教学中的生涯规划指导因素，形成具有学科特色的生涯规划教育，做到生涯规划指导和学科教学相融合。

（3）开展生涯规划教育实践活动的研究。

学生生涯规划教育活动的研究建立在学校课程改革的基础上，以发展的观点，构建学校学生生涯规划教育活动的实践体系，充分利用社会资源，加强家校合作，探索开展高中学生生涯规划实践活动的方式。通过开展多样化的活动，形成具有针对性的高中学生生涯规划教育，提升实践活动效果。

### （五）研究情况

**1. 课题开题（2017 年 3 月）**

本课题于 2017 年 3 月开题，举行了开题报告会。邀请相关专家进行指导，提出建设性意见，制订了课题研究实施方案和计划。确定以天津市滨海新区塘沽第十三中学 2017 年秋季入学的高一学生作为主要研究对象，持续跟踪研究 3 年 。

**2. 做好生涯规划基础培训，为生涯规划教育的实施创造条件（2017 年 3—8 月）**

（1）以生涯规划教育为主题，组织教师开展系列培训活动。

学校邀请了外部教育集团生涯规划讲师进行了高中生涯教师普及式培训，从如何开展生涯规划教育到如何上好一节生涯规划主题班会，进行了系统学习与实际演练。邀请天津市教育科学研究院研究员王博做了新高考背景下选考指导与生涯辅导讲座，对教师如何指导学生进行选科做了详细阐述。

（2）针对学生、家长做好天津市招考制度改革及课程改革相关政策的解读。

在了解招考制度与课程改革内容的基础上，进一步明确生涯规划教育的重要性。

**3. 构建生涯规划课程体系，实施生涯规划教育活动（2017 年 9 月—2020 年 4 月）**

（1）生涯规划课程。

高一年级阶段开设校本课程心理与生涯规划必修课，1 课时，共分 7 个单元，包括生涯意识、生涯素养、自我探索、学职群、升学通道、职业和行业及休闲探索、生涯决策。通过心理与生涯规划课，普及生涯规划基本概念，让学生形成自主生涯规划意识，掌握生涯规划基本方法。借助于生涯规划测试平台，对学生的兴趣爱好、专业倾向等方面做了初步的调查和研究，针对每个学生的兴趣、智能、学习生活适应性、生涯发展水平等形成了相应的数据报告。这些数据有助于学生专业发展方向、未来职业的选择，为后期“6 选 3”选科工作打下了坚实的基础。

（2）学科认知课程。

1）高一年级阶段指导学生对所学学科产生认知，培养学生学习兴趣，就如何学好这门课程、学科与高校专业之间的联系、学科与职业之间的联系、学生如何掌握必备的学科核心素养等方面进行指导，为学生最后的选科决策提供参考依据，课程主要形式是定期相关专题讲座及日常学科教学渗透。

2）高二年级阶段开设如塘沽史话、趣味化学实验等多门校本选修课程，学生需选修 1 门课程。这些课程是对国家课程的拓展及延伸，目的在于提高学生对所学学科的认识，挖掘潜力，拓展思路，为学生特长发展搭建平台。

（3）生涯规划教育实践活动课程。

1）高一年级阶段生涯规划教育实践活动围绕学生生涯唤醒与自我认知阶段特点及要求开展，重点围绕班、团、队会的活动进行。组织召开以生涯规划教育为主题的班会活动，围绕人生目标、自我认知、高中课程认知、大学专业的选择、学习与未来职业的关系等进行探索与研讨活动。每周学校开展丰富多彩的社团活动，学生自主选择，如辩论社、微电影社、动漫社、摄影社等，满足学生特长发展的需求。学校安排大学专业体验活动，如组织学生前往高校，与大学生进行交流，了解大学专业前沿信息；组织学生参观高科技公司等，明确一些职业必备专业素质及未来发展方向与职业关系，为学生专业选择及学科选择提供依据。在高中学科认知方面，每学期组织特色学科作业及学科竞赛活动，培养学生对学科的兴趣，加深学生对学科的理解，提高学生学科学习能力。

2）高二年级阶段生涯规划教育实践活动围绕学生职业探索与自我管理阶段特点及要求开展，聘请职业人士、学生家长等根据所从事的职业为学生进行专题讲座，从职业基本特点、职业基本素质到职业成就及发展方向等方面与学生进行交流、沟通，加强学生对相关职业的认识，进一步确立生涯发展方向。要求学生利用假期深入社区、相关单位等场所进行职业体验活动，拓展职业认知，开发职业潜能，通过体验、总结与反思，培养学生职业意识及管理能力。

3）高三年级生涯规划教育实践活动围绕职业选择与自我推介阶段特点及要求开展，以讲座和模拟训练为主要形式，主要了解招考政策及要求，开展志愿填报指导及模拟应聘职业岗位等活动。

### （六）研究结论

（1）生涯规划指导必修课是基础性课程，用来普及生涯规划的概念、意义及方法等，是学生接受生涯教育的前提与基础。

通过开设生涯规划必修课程，普及生涯规划基本概念，让学生形成规划意识，掌握生涯规划的基本技能和方法，在教师指导下学生对自己在专业倾向、优势及不足等方面做了初步的分析，借助生涯测试平台开展测评活动，形成了相应的评估报告（多元智能评估、生涯发展水平评估、学习适应性评估、兴趣评估、性格评估等）。通过这些数据，形成比较科学的自我认知，更准确地分析自身的兴趣爱好、能力优势、学科特长、专业定位、职业价值等，帮助学生初步确立将来的专业发展方向及职业选择，对高一下学期“6 选 3”选考工作打下了坚实的基础。

（2）利用高中学科课程资源开设学科认知及拓展课程，有助于学生建立学科与未来专业、职业之间的联系，使学生明确未来发展方向，发挥其自身优势。

国家课程中学科学习的认知程度，在一定程度上决定学生未来大学专业的选择，决定未来职业的发展方向，因此要求教师充分利用国家课程资源进行拓展，结合学科核心素养培养目标，结合大学专业对限选学科的要求，形成具有学科特色的高中学生生涯规划指导方案，指导学生做好学业分析与选考评估。

（3）推进生涯规划实践活动课程，使学生在活动中全方位认识自我，深入了解专业、职业的特性及要求，为升学和就业做好规划。

邀请专家或职业人士为学生进行职业讲座，或让学生深入职业场所进行职业体验等，通过系列活动，使学生明确对各类职业的认识，梳理自己生涯发展的目标与路径。组织召开生涯规划系列主题班会、研究性学习等活动，对大学专业、未来职业进行分析研究，使学生探求个人与职业的关系，定位适合自己的职业发展方向。

经过本课题研究，学校已初步形成生涯规划课程体系，开设了生涯规划课程、学科认知课程及生涯规划教育实践活动课程，在校本课程中结合生涯规划指导内容开设选修课，选修课与学科课程形成互补，突出指导的系统性和针对性。以学校组织的社团活动、学生职业体验活动等为抓手，逐步形成学生生涯规划教育和实践活动课程体系。通过构建生涯规划课程体系及实践活动的开展，深入推进学校课程改革工作，引领、带动学校教育教学工作的全面提升。通过本课题的实践研究，明确了高中生涯规划课程及实践活动的基本内容及形式。

在天津市教育科学研究院的大力协助下，我校对生涯规划课程及教育实践活动实施的情况，也做了相应的网上问卷调查。如针对“你最希望得到老师等专业人士哪些方面的帮助与支持”这一问题，57.60%的学生选择“帮我评估各学科学习潜力”；55.99%的学生选择“帮我介绍关注的大学专业”；55.07%的学生选择“帮助准确分析各学科成绩现状”；45.91%的学生选择“为我介绍想要了解的职业”；37.32%的学生选择“为我指导不同类型专业对限选学科的要求”；35.64%的学生选择“帮助我找到自己的兴趣方向”等。这些反馈为课题下一阶段课程设置及调整提供参考依据。在针对“你觉得学校组织哪些指导活动有价值”问题的回答中，58.42%的学生认为是“选科决策方面的讲座”；47.11%的学生认为是“介绍大学专业的活动”；38.74%的学生认为是“介绍职业的相关课程”；认为课程没有价值的学生比例只有1.84%。相关统计数据表明，课程体系及实践活动的设置与实施达到预期的效果。

## 三、参考文献

王博，刘永和，焦佳．职业未来与人生发展：高中生生涯规划［M］．天津：天津人民出版社，2017.

# 课题十一　普通高中开设校本课程效果的研究

## 一、课题组成员信息及分工情况

### （一）课题组成员信息（见表11－1）

表11－1　　课题组成员信息

<table>
<tr><td rowspan="2">课题主持人</td><td>姓名</td><td colspan="2">单位</td><td>性别</td><td>现任职务</td><td>出生年月</td><td>学科</td></tr>
<tr><td>王金勇</td><td colspan="2">天津市滨海新区田家炳中学</td><td>男</td><td>副校长</td><td>1973年5月</td><td>物理</td></tr>
<tr><td rowspan="4">课题组主要成员</td><td>姓名</td><td>学科</td><td>年级</td><td>职务</td><td colspan="3">单位</td></tr>
<tr><td>周玲</td><td>生物</td><td>高二</td><td>教研组长</td><td colspan="3">天津市滨海新区田家炳中学</td></tr>
<tr><td>朱月阳</td><td>化学</td><td>高三</td><td>教研组长</td><td colspan="3">天津市滨海新区田家炳中学</td></tr>
<tr><td>向冬林</td><td>物理</td><td>高一</td><td>体卫主任</td><td colspan="3">天津市滨海新区田家炳中学</td></tr>
</table>

### （二）课题组成员分工情况

王金勇：课题研究策划人，设计课题研究方案、汇编试验成果、撰写研究报告。

周玲：设计调查问卷、访谈及测试内容；整理分析调查问卷、访谈及测试结果。

朱月阳、向冬林：收集整理实例研究资料，对资料进行分析，对客观效果进行鉴定，每月撰写阶段性小结。

## 二、课题详细信息

### （一）课题由来

高中特色建设工程是天津市实施的项目，该项目致力于打造一批具有特色的优质高中，其中重要的一个方面就是开发普通高中的特色选修校本课程。在这样的背景下，我校特色选修校本课程的开发就显得非常重要和紧迫。利用现在的有利时机，加强开发的力度，结合天津市滨海新区田家炳中学所处的地理位置，开发出一套适合我校高中学生的特点兼具汉沽地方特色的选修校本课程显得尤为重要。由此，我们提出了本课题并进行研究。

### （二）课题界定

普通高中特色选修校本课程是指学生在高中阶段除了要进行必修课的学习之外，还要学习一定课时的选修课程，这些课程能体现学校的办学思想和特色。

普通高中特色选修校本课程的研究，是针对高中教学的实际情况和现实问题，借助学校课程特色的教学活动来建设创新学校的教学过程。

### （三）研究目标

通过研究，构建校本课程开发模式。通过教学中教师和学生对选修课看法的调查，以及特色选修校本课程教材的设计、特色选修校本课程教学评价的研究，进一步开发适合我校的校本课程——高一的国学特色选修校本课程，高二的津门古韵和汉沽特色校本课程，高三的烙画、版画校本课程，并研究实施校本课程的效果。

### （四）研究内容

（1）本课题要着重解决的问题有：①调研高中选修校本课程开展情况；②开发适合我校的校本课程并跟踪效果。

（2）本课题创新之处。

1）课题研究具有创新性。本课题弥补了当前天津市高中教学中对相关领域研究的不足，具有创新性。现有的相关研究大多是研究学校特色，对选修校本课程的研究明显不足。

2）对学校课程特色建设的设计和创新。本课题对选修课程进行了详细的探究，找出普通高中的共性和区域差异，为我校及其他学校的选修课程建设提供参考。

### （五）研究情况

**1. 准备阶段（2017 年 1—2 月）**

课题组成员通过购买书籍、网上查阅资料、召开专题学习会等方式提升校本课程开发的理念，并聘请专家分享校本课程开发的理论知识，提升理论水平。

**2. 实施阶段（2017 年 3 月—2019 年 7 月）**

第一，进行调查研究。通过问卷了解教师和学生当前对校本课程的需求，并根据调查结果开发适合我校的校本课程。

第二，编写校本课程教材。依据各年级特点编写相应校本课程教材。

第三，实施校本课程。在我校高一和高三年级实施校本课程，研究对学生教育的效果。

**3. 总结与结题阶段（2019 年 7—12 月）**

完成结题报告，评审结题。

## （六）研究结论

### 1. 校本课程开发的基本内涵

本课题中的校本课程是指学校组织本校教师资源、学校资源和社会资源开发的、以体现学校办学特色的课程类型，是由学校教师规划、编制、实施和评价的符合学生和学校的特点和需要的课程。

### 2. 校本课程开发的模式

我校参照 OECD（经济合作与发展组织）以及张嘉育博士的研究成果，在总结我校课程开发经验的基础上，经过多次反馈与实施，初步建立了我校国学校本课程开发的模式（见图 11 –1）。

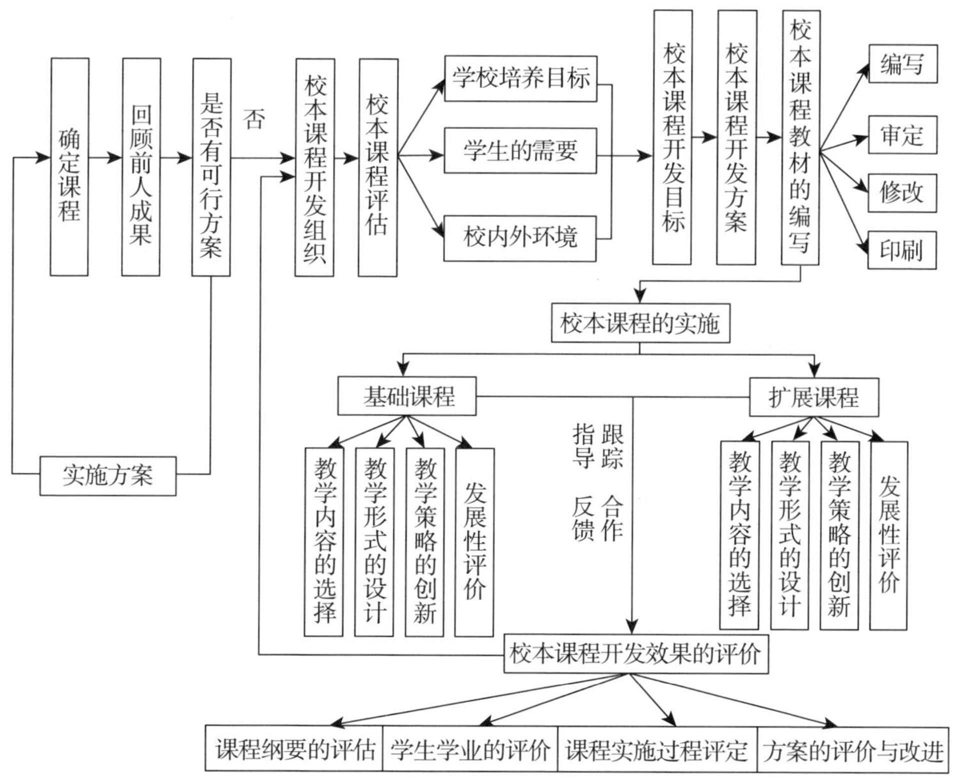


**图 11 –1　田家炳中学国学校本课程开发模式**

依据国学校本课程的设置，我校开发了包括《版画》、《烙画》、《国学经典选读》（必选）、《国学经典（综合学科）》（必选）等八本配套校本教材。

3. 校本课程开发的特点

（1）校本课程开发注重文化的传承。

在开发国学校本课程中，我校追求与中国传统文化、地方文化、社区文化、校园文化充分融合的目标，精选课程内容，并充分关注青少年的多元文化需要，体现时代特色，培养多样化人才。

（2）校本课程开发发挥教师和学生的自主性。

在国学校本课程开发过程中，教师和学生广泛参与，有助于教师展现个人魅力，学生表现潜能、发展个性。在版画、烙画课程开发过程中，美术老师和通用技术老师发挥了专业特长，拥有了展示的平台。

4. 校本课程开发的成效

我校开设国学校本课程，贯彻“兴于文，立于德”的办学核心理念，探索国学教育办学特色，取得良好效果。

（1）促进学生成长。

1）增强学生对国学的兴趣。高一年级语文教师教授国学经典，提升学生的国学素养，并使其对国学产生兴趣；高三年级开设烙画课，将国学经典内容烙到木板上，最后把学生作品装饰在教学楼楼道；太极社、书法社等开展大量社团活动，引导学生在活动中爱上国学。通过这些校本课程的学习，学生对国学越来越感兴趣。

2）促进学生对国学的理解。通过国学校本课程的学习，学生对国学的理解不断加深。太极、书法等社团开展的活动，更拓宽了学生理解国学的途径。通过三年的学习，学生的国学知识得到了提升，国学运用能力得到了增强。

3）提升学生道德水平。实施国学教育校本课程以来，我校结合现代教育思想，对“仁、义、礼、智、信”进行了新的阐释，赋予其新的内涵，成为我校国学教育中的“新五常”。以国学经典典籍为主要内容，通过教师、长辈的讲解来培养学生的优良品德和良好意识，构建“以学生为主体、以国学校本教材为纲目、以体验感悟为参照、以多元化评价为手段”的系列班会课，不断提升学生道德水平。专门设立了诚信考场，引导考生们在没有监考教师的情况下，能自觉遵守纪律，认真答题，无违纪现象发生，有效促进其诚信品格的形成。

4）改变学生学习观念。校本课程的设计贴近学生生活，参与性强，激发了学生的学习兴趣，不断激活学生的创新意识。从以教师为中心向以课堂为中心转变，让学生在合作探究中增强学习能力，培养学生终身学习的意识。

5）促进学生个性发展。国学校本课程的开发也促进了学生积极主动发展个性。在基础课程中，通过国学经典校本课程的开展，学生参与到校本课程开发和实施过程中，积极性提高了，参与性增强了。在扩展课程中，主题班会、社团活动、版画和烙画课程的加入，提升了学生的综合素养，达到“绽书卷气韵的莘莘学子，择美善之行的谦谦君子”的培养目标。

（2）促进了教师发展。

1）增强教师学习国学的热情。随着国学校本课程的开设，一方面，教师想教好国学就要全方位提升国学知识水平；另一方面，教师间相互影响，形成国学氛围，以至于教师自主学习国学的热情高涨。如今图书馆关于国学方面的书籍借阅次数增加，出现了关于国学的论文和课题，可见校本课程的开展增强了教师学习国学的热情。

2）提升师德修养。通过国学，教师认识自己，修正自己，树立公正、正直、真善美的人生追求。一位教师在“师德论坛”的发言中提道：“国学让我懂得‘身正为范’的含义。”可见，国学对我校教师影响之深。

3）发展教师课程意识。随着校本课程进程的深入、认识的不断提升，我们不断调整课程设置，以适应不断变化的学习环境。特别是教师依据学校现有条件，借助各种资源进行校本课程开发，挖掘不同的校本课程资源，将国学主题班会和社团活动纳入我校国学校本课程体系，教师的课程意识增强了。

4）提高教师课程开发能力。在校本课程开发过程中，学校给教师提供外出学习机会或聘请专家进行校内指导。此外，教师还通过大量阅读，提升自己的理论水平。在校本课程教学中，教师在实践中总结经验，并形成理论成果，例如，我校老师的市级课题《“厚德博学”语文校本课程的开发》已顺利结题。教师在校本课程的开发和实践的过程中，课程开发能力得到了提升。

5）促进教师形成风格。国学校本课程的开设使我校教师在潜移默化的国学影响中形成了独特的、儒雅的教学风格——韵味纯厚、庄重朴实、蕴含深远、富有人生哲思。这种儒雅的教学风格助推我校多位教师获得天津市“双优课”评比一等奖和二等奖。

（3）促进了学校发展。

国学教育办学特色是通过开发国学校本课程来实现的，通过实施校本课程，把“德以正身，学以济世”的校训落到了实处，真正实现了“绽书卷气韵的莘莘学子，择美善之行的谦谦君子”的培养目标。通过国学校本课程，天津市滨海新区田家炳中学学生的知识和能力结构中深深地烙上国学的印记。可以说，国学校本课程的设置有效地促进了学生德、智、体、美、劳全面发展，促进了天津市滨海新区田家炳中学教学质量不断提升，为该区教育发展注入新的活力。

## 三、参考文献

［1］陈玉琨，等．课程改革与课程评价［M］．北京：教育科学出版社，2001.

［2］高松寿．基础教育阶段的国学教育［J］．成都教育学院学报，

2006（6）.

［3］王本陆．课程与教学论［M］. 北京：高等教育出版社，2004.

［4］郑梦丹．校本课程开发的意义及困境［J］. 现代教育科学，2011（10）.

# 课题十二　高中主题班会课程化建设实践研究

## 一、课题组成员信息及分工情况

### （一）课题组成员信息（见表 12 – 1）

表 12 – 1　　课题组成员信息

<table>
<tr><td rowspan="2">课题主持人</td><td>姓名</td><td colspan="2">单位</td><td>性别</td><td>现任职务</td><td>出生年月</td><td>学科</td></tr>
<tr><td>陈雪梅</td><td colspan="2">天津市滨海新区大港第三中学</td><td>女</td><td>副校长</td><td>1968 年 12 月</td><td>物理</td></tr>
<tr><td rowspan="4">课题组主要成员</td><td>姓名</td><td>学科</td><td>年级</td><td>职务</td><td colspan="3">单位</td></tr>
<tr><td>林学平</td><td>化学</td><td>高三</td><td>教师</td><td colspan="3">天津市滨海新区大港第三中学</td></tr>
<tr><td>康桂君</td><td>数学</td><td>高二</td><td>教师</td><td colspan="3">天津市滨海新区大港第八中学</td></tr>
<tr><td>李景兰</td><td>地理</td><td>高一</td><td>教师</td><td colspan="3">天津市滨海新区大港第一中学</td></tr>
</table>

### （二）课题组成员分工情况

陈雪梅：负责课题的组织与管理，整体把握课题研究，定期组织课题组成员召开推进会议，交流研究经验和心得，同时负责撰写课题研究结题报告。

林学平、康桂君、李景兰：负责资料收集、整理、分析工作，为课题主持人提供研究建议和想法，协助课题主持人开展课题研究。

全体课题研究组成员共同将课题研究成果规范化、系统化，并汇编研究成果。

## 二、课题详细信息

主题班会是德育活动的重要形式，是教师运用班集体对学生进行教育的有效途径，也是学生进行自我教育的有效方式。课程是教育的核心，随着我国基础教育课程改革的深化，如何与时俱进发挥主题班会的育人功能，尤显重要而迫切。

本课题从天津市滨海新区大港第三中学的校情出发，结合“激励·互助”的教育特色，建立“以人为本”的课程价值观，不断创新德育思路，努力拓展教育新渠道，探索主题班会课程化建设策略，希望形成具有育人功能的德育课程。

通过实践探索，提炼了主题班会课程化建设的实施策略，研究制定大港第三中学主题班会课程纲要和主题推荐菜单。

### （一）研究背景

#### 1. 阐释研究主题的意义

党的十八大报告及《国家中长期教育改革和发展规划纲要（2010—2020 年）》都强调了德育的重要性，坚持“立德树人”。

主题班会是德育活动的一种重要形式，既是教师对学生进行教育的有效途径，也是学生进行自我教育的有效方式。课程是教育的核心，随着我国基础教育课程改革的深化，如何与时俱进发挥主题班会的育人功能，尤显重要而迫切。本课题结合我校“激励·互助”的教育特色，建立“以人为本”的课程价值观，创新德育新思路，拓展教育新渠道，探索主题班会课程化建设策略，形成具有育人功能的德育课程。

一是适应课程改革的需要。随着“核心素养体系”的出台，我们依据“新三中心”原则，从学生的实际出发，将思想道德教育、心理健康教育和生涯规划教育的内容进行有机融合，开发主题班会资源，作为学科德育的辅助，以促进学生核心素养的形成和综合素质的提高。

二是提升德育实效的需要。目前，大多数主题班会存在不同程度的目的不清、主题不明、计划不详、教育性和科学性欠缺的问题，我们依据现代德育课程理论指导，贴近学生生活、贴近时代脉搏，进行主题班会内容选择和设计策略研究，有计划、有步骤、有针对性地进行校本主题班会课程的构建。通过主题班会课程化的实践研究，推进建立健全学校德育工作机制，从而提升学校德育工作的实效性。

三是师生共同成长的需要。通过实现主题班会课程化，可以使主题班会课与其他学科教学一样，形成较为规范的操作模式，帮助班主任设计和实施主题班会，唤醒班主任专业成长的自觉意识，实现班主任的专业化。班主任通过主题班会，借助师生、生生互动活动，唤醒学生成长的内在生命力，引领学生树立正确的社会主义核心价值观，从而达到学生自我教育、自我管理、自主发展的目的。

主题班会课在我校是固定在课程表中的一节课，基本已做到主题化、常态化、校本化，在区域主题班会课大赛中，一等奖总是榜上有名，但班主任个体之间差距较大，课程整体上欠缺系列化、分层化、系统化。

从学校层面来说，应该将主题班会的规划放在学校德育教育的整体背景下考虑，三年的安排是一个整体设计，无论是重新分班还是更换班主任，主题班会实施的教育应是有序的、系统的；从班级的层面来说，班主任应对三年、一年、半年、一个月的主题班会有一个整体的规划，能够与班级具体情况结合，贴近学生的生活，保证课程的实效性。

**2. 阐述相关的文献研究成果**

各国在实施德育教育课程的过程中有着本国的民族性。美国是多元文化的国家，其德育注重全面渗透，通过与各种课程的融合进行教育，同时开设各种课程和活动，有针对性地解决学生面临的现实问题，而不设专门的道德教育课程。英国是一个拥有厚重传统文化的国家，公民文明素养较高，中小学的教材是遵循科学与价值的双重原则编写的，教材内容把科学教育与人文教育有机结合，把自然知识、社会知识的传授和人道主义、国家意识的渗透有机结合。法国中学德育内容包括三方面：个人道德教育、国家和社会公民教育、国际公民教育。中学的德育教育与语文合科进行，语文教师承担起双重责任。规定由班主任担任公民课教学，灵活使用各种方法，但不违背德育目标。日本通过课堂教学加强道德教育，从 1998 年开始开设“心灵教育”。印度学校不直接设立德育课，德育教育通过各科教学进行，借助灌输法、社会实践、劳动教育进行。韩国的“道德”课设在小学到高中一年级，坚持知行合一。

国内相关研究——体现在主题班会的实践经验层面较多。

（1）截至 2016 年 5 月 30 日，在中国知网上检索文献，自 2011 年以来，有关“主题班会课程化”这一主题的文献有 19 条，绝大部分是有关高校主题班会课程化研究的，且都处于观点的论述、经验层面。

（2）武汉市江夏区教育科学研究所彭敦运的《摭谈班会的课程化》只是提出了“班会为什么要课程化”及“怎样把班会课程化”的观点，但缺乏主题班会课程化的具体研究。

（3）迟希新教授主编的《有效主题班会八讲：设计理念与实施策略》，从分析主题班会存在的问题出发，进行一系列理性的逻辑阐述，同时进行案例剖析，是关于主题班会较完整的理念体系的论著。

（4）自 2005 年以来，有关“高中主题班会”的文献有 23 条。对于主题班会的研究和主题班会课程化的研究不够充分。绝大多数研究处于感性层面，以经验总结、案例分享为主；研究的内容缺乏系统性，多数论文仅以一次班会或者几次班会为研究对象，未能形成系列性、系统性；研究者多是在班级层面上进行的探索实践，在学校或者年级层面的研究不足，对于整个高中阶段主题班会的开展缺乏全程性、整体性、系统性的研究。

### （二）主要概念的界定

#### 1. 主题班会

主题班会属于班级活动，是班会课程的一种特殊形式，是通过集体教育实现教育影响个人的一种教育途径，是学生自我教育、自我管理、自主发展的重要途径。我们将主题班会定义为：主题班会是在班主任的主导下，全体学生共同参与的为解决学生在社会化成长中或班级建设中的现实教育问题，围绕某个主题而实施的班级活动。

#### 2. 课程化

课程是一个非常复杂的概念，其内涵丰富，随着时代的发展而变化，是教育领域最复杂、最难界定的概念。早在 1987 年就有美国学者进行了统计，指出专业文献中有关课程的定义超过了 120 个。杨明全将课程界定为：课程是在学校教育的情境中，为实现既定的教育理念和育人目标而为学生提供的学习机会及其展开的过程，主要体现为各种教学科目、活动方案和其他教育要素，以促进学生的社会化发展和个性化发展。课程应该包括明确的课程目标、课程内容、课程组织、课程评价等要素。主题班会的课程方案难以实现“教材化”，但要有明确的目标说明、内容框架、实施建议和评价建议等，因此“课程化”是将相关内容的教育以课程的方式设计、组织、实施、评估的过程。

### （三）理论依据

#### 1. 政策性依据

《中学德育大纲》、《中小学心理健康教育指导纲要（2012 年修订）》、《完善中华优秀传统文化教育指导纲要》（教社科〔2014〕3 号）、《国家中长期教育改革和发展规划纲要（2010—2020 年）》、《中小学生守则（2015 年修订）》、《公民道德建设实施纲要》、《中共中央国务院关于进一步加强和改进未成年人思想道德建设的若干意见》（中发〔2004〕8 号）、《中共中央国务院关于深化教育改革，全面推进素质教育的决定》、《天津市中长期教育改革和发展规划纲要（2010—2020 年）》、《中小学文明礼仪教育指导纲要》、《中国学生发展核心素养》等。

**2. 教育学依据**

马卡连柯提出的平行教育理论认为：我们教育的目标是整体，应该针对集体进行设计。要使个人对集体产生归属感，自愿留在集体里；同时，集体具有包容性，能够容纳不同的个体。“平行教育影响”的实质，在于要求教师以集体为教育对象，通过集体来教育个人。教师对集体和每个个体的教育影响是同时的、平行的。

**3. 心理学依据**

高中生的心理发展特点和规律：生理发育成熟，智力发展接近成人水平，个性及其他心理品质呈现更加丰富、稳定的特征。

舒伯的职业生涯发展理论，认为职业生涯的发展是一个持续渐进的过程，伴随个人的一生。高中生处于职业生涯发展的探索阶段，这一阶段的任务是发展自我形象，形成对工作的正确态度，并了解工作的意义。

霍兰德的职业兴趣理论，认为人的人格类型、兴趣与职业密切相关，兴趣是职业的巨大动力，促使人们积极、愉快地从事该职业，同时职业兴趣与人格之间存在很高的相关性。

**4. 课程论依据**

斯基尔贝克提出了课程开发的“情境模式”：分析情境—确定目标—编制方案—解释与实施—评价与改进—分析情境。“情境模式”将实践环境作为影响课程开发的重要因素予以考虑；“情境模式”在开发环节上并不固定，具有一定的弹性；课程开发的各个环节密切关联，可以形成一个循环往复的连续性过程。

### （四）研究目标与内容

**1. 研究目标**

建立健全主题班会课程的有效机制，确保主题班会有序进行。

（1）依据课程开发的基本模式，创建适合我校的校本主题班会课程，实现主题班会的系统性、校本性、发展性、全程性。

（2）通过实践研究，帮助班主任更新教育观念，转变育人方式，提高班主任主题班会授课能力，唤醒班主任专业成长的自觉意识，提升班主任的教育管理能力。

（3）运用平行教育理论，在集体教育中，提高学生自我教育的能力，引领学生树立社会主义核心价值观，探索更有成效的教育途径。

（4）精选主题班会设计结集成册，提供给班主任交流、借鉴、反思，实现同伴互助。

**2. 研究内容**

本课题为基础性研究和应用性研究。

（1）研究确定主题班会的目标。学校发展理念关系到一所学校的发展方向和人才培养的总体设计，显然课程目标要同这一发展理念相吻合；学生的发展需要是制约课程目标的根本因素，学生的认知发展水平、兴趣爱好、知识基础与发展愿望等决定着课程目标的设定。而且课程目标一般要通过学生的学习结果来实现。学校应结合自身发展理念与学生发展需求，确定不同年级的教育目标。

（2）编制主题班会课程方案。探索“选择哪些课程内容以及如何组织这些课程”，对于主题班会课程方案难以实现“教材化”，做到有明确的目标说明、内容框架、实施建议和评价建议。

（3）研究主题班会实施策略。提高班主任主题班会的实施能力。

（4）研究主题班会评价与改进。对学生的情况、课程方案进行评价，从而考察如何从学校发展和学生发展的角度继续优化改进主题班会课程，促进主题班会课程的开发。

**3. 研究对象**

（1）学生：高中三个年级，每个年级两个班级的学生。

（2）主题班会课程：将思想道德教育、心理健康教育和生涯规划教育的内容进行有机融合，探索主题班会教育功能，并研究制定适合天津市滨海新区大港第三中学的主题班会课程纲要。

**4. 研究假设（理论假说）**

（1）主题班会课程化有助于提高主题班会的有效性，促进学生核心素养的形成和综合素质的提高。

（2）主题班会课程化有助于班主任转变教育观念，转变育人方式，提高班主任主题班会实施能力，提升班主任的教育管理能力，促进班主任专业发展。

（3）主题班会课程化具有学校特色，主题班会课程是校本化的课程。

### （五）研究方法

运用文献法，收集国内外有关主题班会、课程建设方面的规范性文件、论文及专著，依此做文本分析；立足于国家教育目标和政策要求，适应课程改革，选择支撑本课题的理论依据。

运用问卷法，了解学生对主题班会的看法和想法，掌握不同年级主题班会的开展情况和学生成长需要。

运用访谈法，了解我校班主任对主题班会的看法。

运用行动研究法，以研讨课、公开课、观摩课等形式进行研讨，探寻适合我校各年级段主题班会课程的标准和实施策略。

运用案例研究法，把研究、开展主题班会过程中发生的事件和处理的全过程如实记录下来，写成“案例过程”，然后围绕案例过程反映出的问题进行分析，提出解决问题的策略以及值得探讨的问题，最终解决问题。总结、提炼主题班会课程化建设的经验及需改进之处。

### （六）研究过程

**1. 开展问卷调查**

设计了主题班会调查问卷，分别对教师、学生进行了问卷调查，形成了调查报告。

#### 2. 加强理论学习

利用两周一次的班主任例会进行培训，通过集体学习和自主学习，树立课程意识，全面了解课程建设的背景，认真研读《中小学德育工作指南》《中国学生发展核心素养》等政策性文件，研究掌握主题班会课程目标。

学习研读《课程论》，了解课程开发的模式；学习掌握平行教育理论；学习掌握有关心理学的知识，了解高中生的心理发展特点和规律；了解职业生涯发展理论、职业兴趣理论；等等。

#### 3. 开展实践研究

形成主题班会集体备课制度。以年级组为单位，班主任集体备课，就主题的理解、资料的选用、活动形式的选择等进行交流、研讨、分享，形成一个大致的框架，各位班主任再根据自身的风格和本班情况进行设计、实施。

2017—2018 学年和 2018—2019 学年分别开展一次全校性的主题班会展示交流研讨活动。开展主题班会研究课 50 余节，对每节展示课进行点评，每一节主题班会都激发着每一位班主任的教育智慧，彰显着每一位班主任的个性品质，从而引导班主任打造出各具特色的主题班会。

#### 4. 制定课程纲要

在原有天津市滨海新区大港第三中学主题班会课程大纲的基础上，通过研究、实践制定了大港第三中学主题班会课程纲要，用于指导班主任开展主题班会实践。

### （七）研究成果

#### 1. 确定主题班会目标

依据《中小学德育工作指南》，明确主题班会的教育目标。在班集体建设中开展德育工作，平行教育理论的运用，是一项庞大复杂的系统工程。主题班会的内容要将思想道德教育、心理健康教育和生涯规划教育的内容进行有机融合，形成系统。

结合天津市滨海新区大港第三中学的校情，学校提出高中三年在教育层次上的要求：高一年级引导学生学会适应、学会合作、学会感恩，重在培养学生明理守纪、团结协作、乐学善学，教育主题词是“明理守纪、合作创优”；高二年级帮助学生健全人格、增强理智、担当责任，重在通过各项活动培养学生的个人道德品质、提高他们参与社会的热情和敢于担当的能力，教育主题词是“完善自我、追求卓越”；高三年级激励学生乐观积极、奋发向上、报效祖国，重在培养学生独立意识和心理韧性，以良好的心理和学业状态迎接人生的重大挑战，教育主题词是“不忘初心、拼搏圆梦”。

2. 实施策略

任何一门课程的建设都离不开学校和学生，主题班会课程的建设，应在传承的基础上进行持续创新，学校应努力给教师创造条件、搭建平台，提供更多的实践机会，促进教师在实践中研究，在研究中实践。

（1）加强主题班会课程的顶层设计。

主题班会课程化建设是一个系统工程，需要学校进行顶层设计，在学校层面探寻主题班会课程化的实施之道。

1）创建主题班会课程化建设的组织架构。

为确保主题班会课程化建设的顺利实施，需要建立相应的组织架构，分解目标，明确责任。

成立校级主题班会课程化建设领导小组，由德育副校长任组长，德育主任、年级主任、班主任为组员，定期召开会议研讨，部署主题班会课程化建设的相关事宜，进行监察、反馈，提供必要的政策、人力、物力、财力的支持，保证主题班会课程化建设顺利进行。

成立主题班会课程化建设指导小组，由德育副校长任组长，德育主任、年级主任、心理健康教师、骨干班主任和校外专家为组员，定期召开会议研讨如何推进主题班会课程化建设、如何创新主题班会，通过讲座、展示研讨进行指导，给予理论支撑及实践方法的指导。

各班级成立由班主任、班委会成员、同学代表组成的主题班会课程化建设实践小组（不同的主题可以由不同的学生成员组成），是主题班会课程化建设的核心小组、实施小组，学生既是主题班会的设计者，又是实施者，既是受教育者，又是教育者，教师是学生的引导者、同行者。

2）形成学校主题班会课程纲要。

主题班会的质量，直接关系到学生的健康成长，影响着学生的长远人生。需要思考如何让主题班会发挥它的教育功能，凝聚班级精神、传递正能量、感悟人生哲理、启迪心灵智慧……

主题班会作为一门校本课程，必然要求班主任的思考从“一节节课”走向“一门课程”，系统地思考主题班会的实施，因此学校主题班会课程化建设指导小组通过实践研究，形成了天津市滨海新区大港第三中学主题班会课程纲要。主题班会课程纲要以大纲的方式说明主题班会的目标、内容、实施与评价的问题，同时推荐主题菜单，帮助班主任依据课程目标条理清晰地组织实施主题班会。

（2）构建主题班会课程的制度体系。

制度是主题班会课程化建设的保障，没有制度，必然会导致班主任教育行为千差万别，教育效果天壤之别。正如马卡连柯所说：制度和纪律是集体的面貌、集体的声音、集体的行动和集体的信念。集体的一切归总起来，都摆脱不了纪律的形式。因此，学校需要建立科学的主题班会制度体系。

1）建立主题班会课程管理制度。

制定了大港第三中学班会制度，班会是固定在课程表中的一节课，班会课的实施常态化，主题班会的频率为每个月两节。任何部门和个人不经学校同意，不得以任何理由占用、挪用、挤用班会时间，不得让学生自习。

2）建立主题班会监察反馈制度。

学校德育处每周对班会课的召开进行监察，并及时通过校园网、班主任微信群反馈。每次班会课，由班级团支书认真做好记录，定期将班会记录交德育处备查。

3）建立主题班会展示考核制度。

建立集体备课制度，以年级为单位开展集体备课活动，交流设计思路、共享信息资源；每学年有一次大型的校级主题班会观摩研讨活动，实现相互交流和促进的目的；定期组织主题班会的听评课活动，每学年组织一次全体班主任展示主题班会课活动，打造学校特色班会课、年级特色班会课、个人特色班会课；将班主任参加市区级、校级班会的情况纳入班主任考核方案。

4）建立主题班会资源库。

主题班会是一门没有教材的课程，班主任的授课水平参差不齐，班会课的质量取决于班主任自身的努力，更需要集体的智慧，因此建立主题班会资源库，实现资源共享，可以方便班主任以及学生选用。

运用信息技术手段，进行教学资源库的开发和构建。德育处专人负责收集、整理、审核资源，在校园网站上发布。资源库中的资源，精选不同主题的主题班会课例，有推荐的优秀班会课的相关材料，有本校班主任使用过的班会课设计方案、PPT 课件及相关视频材料，有德育工作坊教师剪辑的精彩影视作品等各种素材。

班主任可以依据自身的教学风格，借鉴精品主题班会，或借用相关素材，设计适合本班学生的主题班会，既节约了主题班会准备的时间成本，更保证了主题班会的设计质量，有助于提高主题班会的教育效果。

（3）推进主题班会课程的与时俱进。

任何一门课程都要体现时代性、选择性，主题班会课程作为校本课程，还需结合学校的文化、学生的情况进行课程建设，在传承的基础上进行持续的创新和发展，与时俱进，才能焕发勃勃生机，吸引学生、感染学生、浸润学生。

1）更新理念，把握原则。

《中国学生发展核心素养》和《中小学德育工作指南》，要求我们在社会主义核心价值观统领下，以培养学生良好思想品德和健全人格为根本，以促进学生形成良好行为习惯为重点，充分发挥主题班会课这一德育主阵地的作用，让学生得到丰厚的给养，受到精神的润泽，培养学生核心素养。

良好道德品质是健全人格的基础素养，而良好的心理品质能够促进良好道德品质的形成。我们结合学校德育工作实际，分析学生的年龄特征、心理特征、思想状况，将思想道德教育、心理健康教育和生涯规划教育的内容进行有机融合，开发主题班会的内容资源，引导学生探索自我、规划自我、适应社会发展，以促进学生核心素养的形成。

2）丰富内容，构建体系。

教育内容是教育目标得以实现的关键载体，鲜活、丰富的教育内容，能够触及学生的心灵。

班级教育内容系列化。班主任要有计划地将主题班会纳入班级管理的日常工作，从班级的层面来说，班主任对三年、一年、半年、一个月的主题班会应有一个整体的规划，能够与班级具体情况结合，贴近学生的生活，保证课程的实效性。注意主题内容的系列性设计，可以根据学生不同阶段的心理需求进行系列主题设计，构建一个层层推进、螺旋上升的主题班会体系。如爱国教育是贯穿高中教育始终的，不同年级、不同学期都需要进行爱国教育，班主任可以设计有关爱国教育的系列班会。有时为实现某一个教育目的需要层层展开、逐步推进、形成系列。如开展责任教育，教育中涉及了学生个人的责任、家庭中的责任、班级中的责任、社会中的责任四个方面，一课时难以完成，就可以形成责任教育的系列班会。

3）创新形式，体验感悟。

主题班会的活动形式新颖活泼，才能更好地增强班会课的吸引力，激发学生的自我教育潜能，丰富学生的情感体验，增长学生的才能。

主题班会常用的形式有体验活动式、团体辅导式、专题辩论式、专题讨论式、叙事式、汇报表演式等。在实践中，主题班会的形式其实是不拘一格的，是多种形式的有机整合，需要班主任根据教育目标的需要，灵活选择匹配。当然形式的选择必须为教育内容服务，避免一味追求形式的多样与新颖。

4）多元评价，延伸教育。

对主题班会的评价是主题班会课程化建设的关键，科学有效的评价有助于主题班会的改革实践、推进班集体建设、促进师生展开自主探索。

评价的内容包括主题的确立（分析班级情况与需求）、方案的设计（诊断班会的活动内容和程序）、过程的实施（深入观察班会实施过程、理解具体活动的情况、掌握学生的成长经验）、教育的效果（师生通过主题班会获得的发展成效）。

班会课的评价应该是多元的。评价者可以是班主任、学生、其他教师、管理者、专家。其中最重要的是学生和班主任充分参与评价，紧扣主题进行评价，反思主题追求的目标是否达成，为后续的主题班会带来哪些有价值的参考。

评价要本着公允的原则。秉承学校“激励·互助”的教育特色，依据激励的原则，对主题班会的评价要中肯公允。总结经验和教训，肯定个体、小组、班级的进步，指出努力方向，提出改进措施。班主任借助“小组合作，多元评价”机制，结合学生成长档案的建立，通过“自主互助”小组组织主题班会，学生详细记录班会的整个过程，记下自己和小组成长的每一步。

科学的评价为后续活动提供了基本信息，有助于教育的延伸。如通过宣誓、倡议、公约等，鼓励督促学生将道德认知转化为自觉行为，进行追踪反馈，及时鼓励、表扬、正面激励，巩固主题班会成果。

（4）打造胜任课程建设的师资队伍。

班主任是主题班会课程的创造者、开发者、实施者，班主任专业发展的水平直接影响着主题班会课程化建设的成败。著名课程专家斯腾豪斯认为：没有教师的发展就没有课程的开发。因此必须打造一支胜任主题班会课程化建设的师资队伍。

1）课题引领，理论支撑。

班主任需要树立课程意识，通过课题引领，提升班主任对课程的理解，掌握相关课程建设的理论与策略。研读《课程论》，了解课程开发的模式。针对主题班会课程，我们主要采取斯基尔贝克提出的课程开发的“情境模式”。

班主任需要全面了解课程建设的背景，深入研读《中国学生发展核心素养》和《中小学德育工作指南》等政策性文件，研究掌握主题班会课程的目标。

班主任需要学习掌握平行教育理论。主题班会是班集体的活动，需要充分发挥平行教育影响。平行教育影响实质是教师通过集体来影响学生个体，它是教育和影响个体的一种形式，以集体为教育对象，通过集体来教育个体，教育者对集体中每一个成员的教育影响是同时的、平行的。

班主任需要学习掌握相关心理学的知识，了解高中生的心理发展特点和规律。了解职业生涯发展理论、职业兴趣理论等。

2）研究给力，提升能力。

坚持以群体德育科研引领班主任专业成长，通过校本培训，发挥集体的智慧，提升班主任主题班会课程实施能力。

开展主题班会集体备课。为了达到群体专业化，开展主题班会前，以年级组为单位，班主任进行集体备课活动，对主题的理解、资料的选用、活动形式的选择等进行交流、研讨、分享，形成一个大致的框架，各位班主任再根据自设的风格和本班情况进行设计、实施。

开展主题班会展评活动。分三个层面：专家引领课、同伴研究课、人人展示课。每学年的第一学期由专家或区级主题班会竞赛获奖者上一节主题班会引领课，年级优秀班主任上一节主题班会研究课；第二学期，每位班主任上一节主题班会展示课。我们对每节展示课进行点评并在校园网上发布，不同层面的班会课启发着每一位班主任的教育智慧，彰显着每一位班主任个性品质。

3）借助力量，打造合力。

聘请专家到校指导，促进教师的专业发展；班主任与名校优秀班主任“结对子”，助推骨干班主任专业提升；派班主任参加观摩各地承办的主题班会课程研讨会；组织班主任参加不同级别主题班会竞比，以赛代培，提升主题班会课程建设的能力。努力给教师创造条件、搭建平台，提供更多的实践机会，促进教师在实践中研究，在研究中实践。

**3. 编制主题班会课程纲要**

按照党的十九大精神要求，用社会主义核心价值观进行统领，实现“立德树人”目标，结合“激励·互助”的教育特色，研究制定《大港三中主题班会课程纲要》和主题菜单。建立了“三步六环四十八节课”主题班会课程体系。分三年完成，分解到高一、高二、高三三个年级，每学期完成两个环节，三年共完成六个环节，每个环节包含八节班会课，六个学期下来做完四十八节主题班会课。

（1）明确指导思想。

全面贯彻党的十九大精神，坚持育人为本、德育为先，大力培育和践行社会主义核心价值观，以培养学生良好思想品德和健全人格为根本，以促进学生形成良好行为习惯为重点，充分发挥班会课这一德育主阵地的作用，让学生得到丰厚的给养，受到精神的润泽，培养学生核心素养。

（2）确立基本原则。

确立了“坚持正确方向、坚持遵循规律、坚持全员参与、坚持常态开展、坚持系统”五项基本原则。

（3）明晰总体目标。

总体目标依据就是《中小学德育工作指南》中的教育目标。

（4）设立课程内容。

设立了理想信念教育、社会主义核心价值观教育、中华优秀传统文化教育、生态文明教育、心理健康教育、网络运用教育等方面的内容。

（5）推荐主题菜单。

结合大港第三中学的校情，学校推出了主题班会主题菜单，供老师们选择借鉴。

结合大港第三中学的校情，学校提出高中三年在教育层次上的要求：高一年级引导学生学会适应，学会合作，学会感恩，重在培养学生明理守纪、团结协作、乐学善学，教育主题词是"明理守纪 合作创优"；高二年级帮助学生健全人格，增强理智，担当责任，重在通过各项活动培养学生的个人道德品质、发展他们参与社会的热情和敢于担当的能力，教育主题词是"完善自我 追求卓越"；高三年级激励学生乐观人生，奋发向上，报效祖国，重在培养学生独立意识和心理韧性，以良好的心理和学业状态迎接人生的重大挑战，教育主题词是"不忘初心 拼搏圆梦"。

主题班会课程：分三年完成，分解到高一、高二、高三三个年级，每学期完成两个环节，三年共完成六个环节，每个环节包含 8 节主题班会，六个学期下来完成 48 节主题班会（见图 12－1 和表 12－2）。

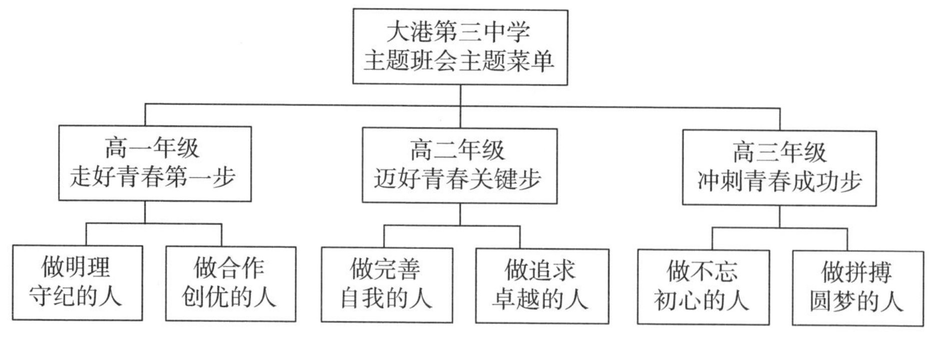


**图 12－1　主题班会主题菜单**

**表 12－2　　主题班会主题菜单**

| 高一年级：走好青春第一步 | | | |
|---|---|---|---|
| 高一上：做明理守纪的人 | | 高一下：做合作创优的人 | |
| 课程内容 | 主题菜单推荐 | 课程内容 | 主题菜单推荐 |
| 爱国教育 | 难忘的军训 | 知法懂法教育 | 远离毒品，珍惜生命 |
| | 祖国，我为您骄傲 | | 自我保护与正心慎独 |
| | 少年强则国强 | | 与法同行 健康成长 |
| | 大国重器 | | 青春与法制同行 |
| 爱校教育 | 知我校园，爱我校园 | 责任教育 | 班级管理我有责 |
| | 三中的大柳树 | | 我是命运的主宰者 |
| | 三中印象 | | 诚信——成功的基石 |
| | 我是三中人 | | 永怀感恩之情 回报养育之恩 |
| 适应教育 | 新生活，新起点 | 生态环境教育 | 垃圾分类　从我做起 |
| | 我的高中我的班 | | 崇尚自然 敬畏生命 |
| | 时间都去哪儿了 | | 爱我家园——从我做起 |
| | 生命列车 | | 对自然负责——做有责任感的人 |
| 行为习惯教育 | 优秀是一种习惯 | 家庭美德教育 | 传递正能量，我为我家代言 |
| | 三中“三风”建设解读 | | 浓情五月天感恩母亲节 |
| | 规矩成就方圆 | | 好家风伴我成长 |
| 合作教育 | 做文明学生 | | 信守家庭美德，做有道德的三中人 |
| | 小组自主互助 | 心理健康教育 | 人际适应，与你共我 |
| | 团结合作，共创辉煌 | | 沟通，从倾听开始 |
| | 合作的智慧 | | 插上隐形的翅膀 |
| | 你我同行 | | 打开学习之门 |
| 学习方法教育 | 听课高手 | 网络教育 | 我的“网事” |
| | 心动不如行动 | | 电脑网络，让我欢喜让我忧 |
| | 与成功有约 | | 共建网络安全，共享网络文明 |
| | 细节决定成败 | | 传播网络正能量 |

续　表

<table>
<tr><th colspan="4">高一年级：走好青春第一步</th></tr>
<tr><th colspan="2">高一上：做明理守纪的人</th><th colspan="2">高一下：做合作创优的人</th></tr>
<tr><th>课程内容</th><th>主题菜单推荐</th><th>课程内容</th><th>主题菜单推荐</th></tr>
<tr><td rowspan="4">生涯规划教育（知“己”）</td><td>我的自画像</td><td rowspan="4">生涯规划教育（知“己”）</td><td>性格与专业</td></tr>
<tr><td>你眼中的我</td><td>兴趣与专业</td></tr>
<tr><td>梦出发的地方</td><td>能力与专业</td></tr>
<tr><td>生命彩虹</td><td>行为习惯与专业</td></tr>
<tr><td rowspan="4">传统文化教育</td><td>传统美德：尊师敬长</td><td rowspan="4">传统文化教育</td><td>传统美德：立志勤学</td></tr>
<tr><td>传统节日：中秋</td><td>传统节日：清明</td></tr>
<tr><td>传统礼仪：见面之礼</td><td>传统礼仪：饭范来袭</td></tr>
<tr><td>传统文艺：漫游古诗园，开卷品书香</td><td>传统文艺：传统服饰知多少</td></tr>
<tr><th colspan="4">高二年级：迈好青春关键步</th></tr>
<tr><th colspan="2">高二上：做完善自我的人</th><th colspan="2">高二下：做追求卓越的人</th></tr>
<tr><th>课程内容</th><th>主题菜单推荐</th><th>课程内容</th><th>主题菜单推荐</th></tr>
<tr><td rowspan="4">理想教育</td><td>我有一个梦想</td><td rowspan="4">挫折教育</td><td>我怎么不再优秀</td></tr>
<tr><td>青春如虹 梦想在飞</td><td>逆“风”飞扬</td></tr>
<tr><td>不可阻挡的力量</td><td>遇挫≠失败</td></tr>
<tr><td>让理想之光闪耀</td><td>善待挫折——拥有高中生活的宝贵财富</td></tr>
<tr><td rowspan="4">责任教育</td><td>奋斗的青春最美丽</td><td rowspan="4">安全教育</td><td>交通安全记心间</td></tr>
<tr><td>莫让年华付流水</td><td>预防校园侵害 创建平安校园</td></tr>
<tr><td>关注文化热点，做社会有心人</td><td>乘安全之舟 扬生命之帆</td></tr>
<tr><td>肩负责任，德行天下</td><td>普及安全知识，提高避险能力</td></tr>
<tr><td rowspan="4">守法教育</td><td>敬畏规则</td><td rowspan="4">社会公德教育</td><td>严于律己 遵守公德</td></tr>
<tr><td>走好青春每一步——法制在我心</td><td>公德在我心</td></tr>
<tr><td>守法——人生的底线</td><td>公德心，从小事养成</td></tr>
<tr><td>做自己的首席安全官</td><td>立德修身——做文明三中人</td></tr>
</table>

续　表

| 高二年级：迈好青春关键步 | | | |
|---|---|---|---|
| 高二上：做完善自我的人 | | 高二下：做追求卓越的人 | |
| 课程内容 | 主题菜单推荐 | 课程内容 | 主题菜单推荐 |
| 心理教育 | 花季来临之际 | 创新教育 | 创新改变生活 |
| | 学会自我归因 | | 放飞梦想，勇于创新 |
| | 加强意志锻炼，保持乐观的“正性情绪” | | 科学人文之科技引领生活 |
| | 我与压力有个约会 | | 青春在创新中闪光 |
| 互助教育 | 学习中的尊重、交流与合作 | 审美教育 | 美就在我们身边 |
| | 实践团队合作，凝聚班级力量 | | 献给你——知美、审美、爱美、护美 |
| | 勇于竞争、善于合作 | | 中学生的形象美 |
| | 朋友，真诚的同路人 | | 你在我眼里是最美 |
| 爱国教育 | 奔流不息民族魂 | 心理健康教育 | 读懂压力朋友 |
| | 筑梦中国，出彩人生 | | 声声入耳——注意力训练 |
| | 爱国无言，自强荣校，做一个有爱国情怀的学生 | | 让愤怒从心头静静走开 |
| | 我为祖国喝彩 | | 莫让情感之船过早靠岸 |
| 生态文明教育 | 让绿色回归自然，我们共同在努力 | 生涯规划教育（知彼） | 家庭因素与专业 |
| | 践行生态文明，守护美丽大港 | | 社会因素与专业 |
| | 生态文明，绿色永恒 | | 文化因素与专业 |
| | 创美丽校园，做文明学生 | | 组织因素与专业 |
| 传统文化教育 | 传统美德：求索攻坚 | 传统文化教育 | 传统美德：严己宽人 |
| | 传统节日：重阳 | | 传统节日：端午 |
| | 传统礼仪：集会礼仪 | | 传统礼仪：着装礼仪 |
| | 传统建筑：凝固的艺术 | | 传统习俗：世代相传的风尚 |

续　表

<table>
<tr><th colspan="4">高三年级：冲刺青春成功步</th></tr>
<tr><th colspan="2">高三上：做不忘初心的人</th><th colspan="2">高三下：做拼搏圆梦的人</th></tr>
<tr><th>课程内容</th><th>主题菜单推荐</th><th>课程内容</th><th>主题菜单推荐</th></tr>
<tr><td rowspan="4">信仰教育</td><td>与信仰对话，为青春导航</td><td rowspan="4">成年教育</td><td>十八岁，青春洋溢的年轮</td></tr>
<tr><td>我的信仰，我来说</td><td>青春的誓言</td></tr>
<tr><td>信仰，植根我心</td><td>十八而志，青春万岁</td></tr>
<tr><td>信仰之光</td><td>与父辈共话 18 岁</td></tr>
<tr><td rowspan="4">职业规划</td><td>助力梦想，成就青春——高中生职业面对面</td><td rowspan="4">健康教育</td><td>高三生活中的困惑</td></tr>
<tr><td>能力与职业</td><td>阳光心灵，美好生活</td></tr>
<tr><td>工匠心，技能人</td><td>情绪</td></tr>
<tr><td>匠心独运，做自己的领航人</td><td>健康生活从“心”开始</td></tr>
<tr><td rowspan="4">爱国爱家乡教育</td><td>漫话天津</td><td rowspan="4">终身学习教育</td><td>勇于微笑——暖秋暖冬</td></tr>
<tr><td>家乡的年味</td><td>换一种角度看问题</td></tr>
<tr><td>共护一江海河水</td><td>阅读提升品位，书香浸润人生</td></tr>
<tr><td>行走哏都</td><td>自律的人生才最酷</td></tr>
<tr><td rowspan="4">法制教育</td><td>学法立行，守法做人</td><td rowspan="4">应考心理教育</td><td>重塑认知，冲刺一模</td></tr>
<tr><td>杜绝校园暴力，建设和谐班级</td><td>与压力共舞</td></tr>
<tr><td>与法同行，平安相伴</td><td>心平气和，心无旁骛——走进考场</td></tr>
<tr><td>勿以恶小而为之</td><td>阳光总在风雨后</td></tr>
<tr><td rowspan="4">责任教育</td><td>有一种成长叫责任</td><td rowspan="4">毕业教育</td><td>毕业的情怀</td></tr>
<tr><td>青春·责任·成长</td><td>我拿什么献给你</td></tr>
<tr><td>肩负责任，为生命充值</td><td>我和××××年有个约会</td></tr>
<tr><td>心中的友善</td><td>讲不出的再见</td></tr>
<tr><td rowspan="4">生命教育</td><td>让生命更饱满</td><td rowspan="4">科学精神教育</td><td>实事求是，知易行难</td></tr>
<tr><td>品味生活，担当未来</td><td>苟日新 日日新 又日新</td></tr>
<tr><td>生命生存生活</td><td>思远求真</td></tr>
<tr><td>生命只有一次</td><td>学贵有疑</td></tr>
</table>

续　表

<table>
<tr><td colspan="4">高三年级：冲刺青春成功步</td></tr>
<tr><td colspan="2">高三上：做不忘初心的人</td><td colspan="2">高三下：做拼搏圆梦的人</td></tr>
<tr><td>课程内容</td><td>主题菜单推荐</td><td>课程内容</td><td>主题菜单推荐</td></tr>
<tr><td rowspan="4">学法指导</td><td>以法促学，共同成长</td><td rowspan="4">生涯规划教育（知路）</td><td>专业探索</td></tr>
<tr><td>把握进攻的节奏——增强学习有效性</td><td>生涯平衡轮</td></tr>
<tr><td>学习方法漫谈——记忆策略</td><td>在路上，沐春风</td></tr>
<tr><td>学习其实很简单——学霸经验分享</td><td>生涯拐点——志愿填报</td></tr>
<tr><td rowspan="4">传统文化教育</td><td>传统美德：敬业尽责</td><td rowspan="4">传统文化教育</td><td>传统美德：自强不息</td></tr>
<tr><td>传统节日：春节</td><td>传统思想：知行合一</td></tr>
<tr><td>传统礼仪：社交礼仪</td><td>传统礼仪：成人礼</td></tr>
<tr><td>传统文艺：中国书法</td><td>传统文艺：京腔京韵</td></tr>
</table>

（6）实施建议。

从教育建议和主题班会资源建设两方面提出主题班会课程实施的建议。从主题班会的类型、设计原则、实施方法等方面进行了论述。

### （八）研究成效

我校结合“激励·互助”的教育特色，将思想道德教育、心理健康教育和生涯规划教育的内容进行有机融合，建立的“三步六环四十八节课”主题班会课程体系，促进了班集体建设，体现出良好的育人功能。

主题班会贴近时代脉搏、贴近学生生活，深受学生喜爱，对学生的教育润物无声，很好地实现了学生的自我教育、自我管理和自主发展。学校家长开放日活动、主题班会吸引了家长主动参与，成为固定内容，得到家长极大认可。

课题研究过程中，两个班集体获天津市三好班集体或优秀班集体荣誉称号，2016—2017 学年度高三（八）班（班主任：郭慧）；2018—2019 学年度高三（三）班（班主任：郑沐鑫）。2018 年天津市滨海新区第三届中小学班主任技能大赛（主题班会设计大赛）郭慧老师获一等奖、王晓静老师获二等奖，郑沐鑫老师 2018 年获天津市滨海新区中小学班主任创新班会课大赛一等奖。10 节班会课获区级奖项。

作为德育课程建设中的重要部分，2019 年 4 月在滨海新区中小学德育工作一体化现场会议上，陈雪梅副校长就主题班会课程进行经验交流，2019 年 10 月，《高中主题班会课程纲要》参加滨海新区德育校本课程成果评选，获一等奖。

### （九）研究结论

主题班会课程化建设实施以来，从实践效果来看，我们的主题班会发生了许多积极的变化。学校由固化要求走向方向引领，教师由被动开发走向主动实施，学生从被教育走向参与教育。学生在课程建设中表现出良好的参与度，在集体活动中，在教师的引领、同学的影响之下，提高了自我教育的能力，树立了社会主义核心价值观，规划了个人的发展方向。

主题班会课程化建设，有效地提高了建设水平，同时促进了学校德育管理质量的提升。班主任的科研意识增强，教育内容、教育方法的选择能力不断提升，潜心育人，润物无声，更好地成为学生锤炼品格的引路人、学习知识的引路人、创新思维的引路人、奉献祖国的引路人。

### （十）研究局限性

主题班会是一门没有教材的校本课程，课程目标笼统宽泛，课程内容包罗万象，课程主题丰富多样，课程形式不拘一格。我们的能力有限，主题班会课程纲要编写的科学性、适用性把握比较困难，较多的是经验总结。班主任风格的不同、学生的个性差异等影响主题班会课程建设。

主题的确定不可能一劳永逸，内容需不断更新，要想使主题班会与时俱进还需持之以恒的研究。如今，班主任工作任务繁重，研究时间有限，研究工作推进比较缓慢。

### （十一）今后研究的方向

（1）本课题的研究现实意义很强，有很好的创新性，坚持下去一定会产生很好的成果。作为研究者，我们感觉到自身理论水平不足，需要加强理论学习，才能使课题研究针对性强，真正解决教育中的问题。

（2）考虑我们能力和精力的限制，借助专家做好顶层设计工作，进一步设计完善主题班会体系框架；分配好贯彻执行的任务，课题分解，给老师具体的任务作为子课题，交材料、案例、设计，帮助老师在明确的任务下开展研究。

（3）加强主题班会资源库建设研究，资源库中的材料可以方便班主任以及学生选用，实现资源共享、智慧共享。

## 三、参考文献

[1] 易连云．德育课程论：理念与文化［M］．北京：人民教育出版社，2011.

[2] 彭敦运．摭谈班会的课程化［J］．中小学德育，2013（5）．

[3] 杨明全．课程论［M］．北京：中国人民大学出版社，2016.

[4] 吴式颖．马卡连柯教育文集［M］．北京：人民教育出版社，2005.

[5]．周少斌．高校主题班会建设创新研究［J］．高校辅导员，2011（6）．

[6] 赵昭仪．思政教育新举措——谈主题班会教学资源库的构建［J］．益阳职业技术学院学报，2017（Z1）．

[7] 覃琴．高校主题班会课程化建设的实施探究［J］．沙洋师范高等专科学校学报，2012（2）．

[8] 教育部基础教育司．中小学德育工作指南实施手册［M］．北京：教育科学出版社，2017.

[9] 刘新颖．中学主题班会推进性评价应用研究［D］．上海：华东师范大学，2011.

# 课题十三　育心教育背景下的学校特色发展

## 一、课题组成员信息及分工情况

### （一）课题组成员信息（见表13－1）

**表13－1　　课题组成员信息**

<table>
<tr><td rowspan="2">课题主持人</td><td>姓名</td><td colspan="2">单位</td><td>性别</td><td>现任职务</td><td>出生年月</td><td>学科</td></tr>
<tr><td>林桂虎</td><td colspan="2">天津市滨海新区塘沽新港中学</td><td>男</td><td>书记、校长</td><td>1968年3月</td><td>心理</td></tr>
<tr><td rowspan="4">课题组主要成员</td><td>姓名</td><td>学科</td><td>年级</td><td>职务</td><td colspan="3">单位</td></tr>
<tr><td>甄凤祥</td><td>生物</td><td>八年级</td><td>教师</td><td colspan="3">天津市滨海新区塘沽第六中学</td></tr>
<tr><td>金环</td><td>语文</td><td>五年级</td><td>校长</td><td colspan="3">天津市滨海新区塘沽紫云小学</td></tr>
<tr><td>张静</td><td>语文</td><td>五年级</td><td>校长</td><td colspan="3">天津市滨海新区塘沽渤油第三小学</td></tr>
</table>

### （二）课题组成员分工情况（见表13－2）

**表13－2　　课题组成员分工情况**

| 姓名 | 职称 | 负责研究工作 |
|---|---|---|
| 甄凤祥 | 高级教师 | 协助主持人顶层设计 |

续　表

| 姓名 | 职称 | 负责研究工作 |
| --- | --- | --- |
| 金环 | 高级教师 | 组织协调课题组工作 |
| 张静 | 高级教师 | 收集育心教育案例 |

## 二、课题详细信息

### （一）课题由来

陶行知先生曾说：真教育是心心相印的活动，唯独从心里发出来的，才能打到心的深处。学校教育绝不是简单地给学生传递知识，更是心灵和人格的培养，培养良好健康的心理和乐观向上的品质，从而促进学生的全面发展。这就是我校提出的育心教育的终极目标，即通过教师的关心、爱心和耐心，通过校本课程的实施、青苹果之家的浸润和课堂教学改革的实践，逐步培养学生良好健康的心理和乐观向上的品质，从而为学生树立信心、恒心和感恩之心，以育心教育为突破口，逐步实现学校可持续的特色发展。

### （二）课题界定

#### 1. 地域背景

天津市滨海新区塘沽第九中学地处滨海新区塘沽大梁子振教路 12 号，东、南为天津大沽化工厂，北临海河南岸滨海新区大沽街道大、小梁子村，西临邓善沽村，属于城乡接合部学校。近年来，外来务工人员子女的比例逐年上升，截至目前，学校共有学生 426 人，流动人口学生占到学生总数的 83.6%，其中新初一入学人数中外来务工人员子女占 82.4%，初二为 85.5%，初三为 82.5%，是滨海新区乃至全市初中学校流动人口占比最高的初中校。本市户籍留在这里上学的学生往往学习成绩和习惯相当差，家长监管不力，因此，我校面临学生学习习惯不佳、学习成绩不佳、缺乏自信心的普遍现象，面临外来务工人员子女聚集、不同地域文化互相冲击的现实。面对这样的现状，我校认为以教学成绩为主要抓手对于学生和学校发展都是不利的，因此 2012 年校长提出对学生实施“育心教育”的理念。

**2. 学生特点**

本地区学生主要特点表现为学生的生活环境较差，健康观念薄弱，健康知识欠缺，行为素质偏低，缺少良好的健康习惯、行为习惯、学习习惯等。大多数学生的父母文化水平偏低，家庭教育薄弱。孩子自尊心、自信心较差，缺少对未来的规划。但是大部分孩子身上有着流动人口子女特有的朴素、真挚、热情。

**3. 我校学生的心理问题主要表现**

学习方面：学习基础薄弱，缺少良好的学习习惯和学习方法，成绩较差。

自我意识：自我意识不明确，没有明确目标，自我评价不合理。

情绪管理：情绪控制能力较差，不会合理宣泄。

人际关系：友谊不稳定，亲子关系、师生关系不良。

行为习惯：缺少健康习惯、学习习惯、文明礼仪等。

家庭教育：家庭教育缺失严重，家长缺乏教育方法。

适应发展：对未来发展没有方向和规划。

针对这样的校情、生情，我校工作重点不能一味地追求教学质量的提升，而是在顶层设计中以育心教育为大背景，以发展学生特长为突破口对学生进行全面的培养，从而使学校走向特色化发展的道路。

### （三）研究目标

本研究力争举全校之力，和一些兄弟学校一起全面地对学生进行育心教育，从而实现学校可持续的特色发展。

### （四）研究内容

**1. 德育**

社团活动的系统建设：增加社团活动的种类和时间，从原来的 10 个社团增加到20个，从每周一课时增加到每周两课时，与课后服务工作结合起来，发展全体学生的爱好和特长。社团包括以下几类。

艺术类：合唱、民乐、朗诵、健美操、书法、中国结编织。

体育类：毽球、足球、篮球、乒乓球、排球。

学科类：地理、历史、生物、阅读、趣味数学、课本剧。

棋类：象棋、围棋、跳棋。

科技类：无人机、动手动脑、科技小发明、计算机应用。

**2. 教学**

校本课程的研发：《草莓花开》系列丛书、“双七”教学理念下的基础知识汇总、科技小制作的方法、植物的培育和养护、外来务工人员子女心理健康研究、校园内外的中医养生学等。

**3. 体育与卫生**

零距离跑操体育与心育的有机结合；心理咨询室的功能进一步显现，体现为全体学生服务，重点服务特殊群体的功能；青苹果之家项目的进一步完善和丰富。

**4. 心育**

完善四条心育主线：以“学校—街道—家庭”为主体的“三结合教育”主线；以“校长—德育处—年级组—班主任—专职教师—骨干教师”为主体的“常规心理健康教育”主线；以“校长—教务处—教研组—学科教师”为主体的“课堂主渠道”主线；以“校长—体卫处—体育组”为主体的“大课间教育”主线。

### （五）研究情况

**1. 社团建设**

2018年3月开始，各学校增加全校的课后服务工作，延长了社团活动的时间，保证每周二下午两节课的育心教育素质拓展时间和每周四下午两节课的社团活动时间，丰富了活动的种类和内容。周二活动有观影、社区志愿活动，校外博物馆、海洋馆、植物园等参观体验。社团目前增加到四大类 19 个社团，保证所有学生参与社团，加强社团的组织管理，使社团真正成为学生发展特长、自我管理、自我成长的有效载体。

**2.《草莓花开》系列丛书**

2018 年 1 月天津市滨海新区塘沽第九中学校本课程建设研究丛书《草莓花开（2016—2017）》出版，本书分为多彩生活、考场作文、校园征文、园丁心语四个板块，共收录了学生作品 102 篇，教师作品 12 篇，这样以学生为主体，“我手书我心”的方式主要记录了孩子们校园内外学习和生活的感受，重点突出了孩子们内心的成长与变化，记录了学校全员进行育心教育的点滴成果。

**3.“双七”教学理念下的基础知识汇总**

针对学生情况，在育心教育的背景下，学校于 2016 年 3 月提出了“双七”教学理念，即老师在关注全体学生的基础上，重点抓住 70% 的基础知识，抓住 70% 的学困生。这两个 70% 抓住了，整体教学质量必然会提高。教学管理部门要求教师在此理念的引领下，通过备课组的力量收集整理每一节课的重点知识，设计简单易操作的课堂反馈小卷。基础知识是主要教学内容，课堂小卷是课堂反馈形式，以此为抓手，对学生的自信心和学习习惯进行长期提升。经过一年多的思考与实践，学校于 2017 年 12 月将六个教研组的备课结晶结集成册——《“双七”教学理念下的基础知识汇总》，目前除了政治、历史、语文之外，其他学科的资源已经可以供学校初中阶段使用，并且还在不断完善中。育心教育的中期成果，也为学校下一步教学改革打下了坚实的基础。

**4. 课题组加强学习和研究**

本课题组成员通过收集资料自学和小组讨论，理解了育心教育的本质和内涵，并且将育心教育的实施设计为四大主线，分别在各自领域开展工作，各个领域有相交的部分，但是并不冲突。天津市滨海新区塘沽第九中学全体教职员工参与的育心教育倡导“学校无闲人，人人育心；学校无小事，事事育心”的理念已经深入人心，全方位系统的育心教育已进入深入实验阶段，对于基础薄弱、流动性很强的我校学生来说是有益的、是普惠的，初见成效。

**5. 建立育心教育组织机构，明确教育理念**

（1）建立联合组织机构。

学校和街道联合成立育心教育工作领导小组，学校校长、滨海新区大沽街道卫生和计划生育办公室主任为组长；社区主任、副校长为副组长；街道相关人员，大华医院院长、副院长、医生，学校班主任、骨干教师、专职心理教师、行政人员为组员。

（2）融合街校教育理念。

辖区街道倡导“积极向上、求真、向善、尚美”的街道文化，可与学校育心理念相结合。街道社区领导及时向学校了解流动人口子女的思想、学习、生活等情况，并在辖区内推荐专业人才参与青苹果之家教育活动，开展常态工作，使学生能够身心放松、心态平和，快乐、美好地享受校园时光。

**6. 创新育心教育模式，开展形式多样的活动**

（1）街校合力，共育心灵，提升心理辅导平台。

1）打造一支由心理学专家、医务工作者、教育工作者组成的专家团队，负责对流动人口学生进行健康知识和心理知识培训。学校配备专职心理教师，开展各类心理辅导活动，让青春期心理健康工作更具实效性。

2）改善心理辅导室环境。街道拿出一定财力帮助学校改造心理辅导室，提升其硬件环境，使青苹果之家更温馨、暖心。硬件的投入，更有益于学生健康心理的形成。

3）捐赠书籍，滋润心灵。街道出资购买有利于培养学生健康阳光心态的书籍，为孩子们提供“有营养的”精神食粮。让孩子们走向阅读，改变了他们的精神面貌，提升了生命质量。大沽街道为学生捐赠了价值一万元的书籍，共计一千余册，改变了学生读书途径单一的局面。孩子们的思想和心灵在阅读中得到了熏陶和升华。

4）加强针对流动人口的家校课堂互动。学校与街道社区积极开展针对流动人口家庭的家长开放活动，每位家长都会受邀到校参加活动。受邀家长采取推门听课的方式，可以到各个班级参与教学活动。老师阳光自信，学生阳光守纪，以豁达的心态迎接每一个来访者。课堂上，师生互动、家长参与；课堂下，欢声笑语、其乐融融。

5）活动搭台，共谱育心曲。街道社区积极参与学校针对流动人口子女的活动，从活动主题到活动程序的编排，街校联手筹备设计。每次活动都有街道社区领导、辖区群众的热情参与。大家同在一个舞台上，同唱一首歌；大家与流动人口子女互相欣赏，在思想、性格、情感、才能、品德、心理上达成良性互动，让流动人口子女看到生活的美，生活的阳光面……

（2）开展全员育心工作。

每位教师和4～6位流动人口子女结对子，开展“学习上关心、生活上关爱、教育上关注”活动，包括进行学习减负、高效改革，使学生保障充足的睡眠，消除其有害健康的行为习惯和不良生活方式，指导学生积极参加社会实践、志愿服务和社团等，让教师成为流动人口子女成长路上的引路人、监督者和倾听者。

（3）丰富多彩，人人参与的校园社团活动。

学校针对学生情况，开设了心理、毽球、篮球、足球、地理、历史、英语、写作、合唱、民乐、中国结制作11个社团，学生根据自身需要自愿参与。社团活动的开展，增强了学生自身修养，陶冶了学生情操，拓展了学生的兴趣爱好，提高了学生心理素质。

（4）流动人口子女也要有艺术。

学校成立了民乐队，一方面营造了积极向上、高雅清新、健康文明的校园文化氛围，另一方面展现了学生的青春风采和精神风貌。这些活动激发了学生对艺术的兴趣，同时培养了学生积极健康的审美情趣，提升了学生良好的艺术修养，不断促使他们向真、向善、向美，使其身心得到和谐发展。

（5）让流动人口子女读书，营造书香氛围。

学校打造开放式读书吧及读书长廊，每层楼的大厅及青苹果之家均设置敞开式书架，让学生进行敞开式阅读，改变学生读书途径单一的局面。通过阅读，培养了流动人口子女的健康阳光心态，为他们提供精神营养，他们的精神面貌得到改变和提升，思想和心灵得到熏陶和升华。

（6）加强体质健康监测，为育心教育提供身心保障。

全面实施《国家学生体质健康标准》，保证学生每天进行一小时体育活动，开展特色大课间活动。

1）心理减压操。为了让流动人口子女身心放松，快乐享受校园生活，学校每天上午大课间，通过瑜伽动作让学生拉伸身体，活动筋骨，身心松弛、愉悦。心理减压操让学生身形舒美，神态自信、阳光，实现炼体美心的目的。

2）零距离跑操。为了让流动人口子女有很强的团队意识，学校以团体拓展活动为主要形式，采取火车车轮链轨传动式跑法，即后边的学生双臂平起并持握住前面学生的腰，整个队伍呈链轨式传动前行，前脚连后脚，步幅必须一致，锻炼孩子们消除身体接触的畏难情绪，在合作中共享集体荣誉。

（7）高度重视流动人口子女的健康安全。

1）将《中学生健康素养读本》作为校本教材，开展健康教育，围绕爱眼护眼、保护牙齿、禁烟、禁毒、预防艾滋病、青春期健康等内容开展好各级各类的主题活动。

2）加强对校园传染病、学生常见病的预防、上报工作，订立制度，专人负责；落实在校师生每年一次常规体检，建立学生健康档案，培训健康技能。

3）在教师中全面普及急救知识，在学生中全面开展自救、互救及避险逃生技能培训。建立学校突发公共卫生事件应急预案，健全突发公共卫生事件报告制度，确保突发公共卫生事件及时处置。

4）重视安全教育、消防教育。

（8）配备专职心理教师，专人专岗专业让育心教育更具实效性。

1）有专职心理教师主要为流动人口子女服务。学校大力支持专职心理健康教师对流动人口子女开展心理健康教育服务工作。通过开展针对性极强的团体辅导课程、个体辅导活动、心理社团及媒介宣传等多形式、全方面的工作，帮助流动人口子女正确认知、改善行为、管理情绪、修炼魅力，同时正确看待青春期生理及心理发育，合理解决心理“危机”。

2）开展专业性心理辅导。在校女生王丽（化名）入校时性格叛逆，不爱与人沟通。学校针对其性格特点，制定特色计划，开展心理疏导，使其顺利返回课堂，并积极参加校合唱团，获得滨海新区学生歌唱节小合唱比赛二等奖。通过互动，提升了学生的自尊心、自信心，使其树立了人生目标。

育心教育实施以来，我们评价学生的方式更加多元了，我们教育学生更加注重走进其内心，激发其自身潜能，学生们逐渐变得阳光、快乐了，我们的校园被来校的领导和同行称为“世外桃源”，家长和社会各界满意度提升了，学校取得了建校以来的突破性业绩。

### （六）课题主要成果

（1）享受校园的美好生活。

2018 年 3 月开始全校增加课后服务工作，延长了社团活动的时间，保证每周二下午两节课的育心教育素质拓展时间和每周四下午两节课的社团活动时间，丰富了活动的种类和内容，进一步使学生的校园生活丰富多彩，快乐地学习和生活。

（2）研究丛书《草莓花开》结集成册。

2018 年天津市滨海新区塘沽第九中学校本课程建设研究丛书《草莓花开（2016—2017）》出版，这是孩子们做“阳光男生、快乐女生”，享受校园生活的感触，是随笔化的文字记录。

（3）2017 年 12 月《“双七”教学理念下的基础知识汇总》结集成册。

各学科教师通过深入研究，把每个学科的基础知识点找出来，汇总到一起，减轻了学生课业负担，减轻了教师的教学压力。

（4）产出育心教育个案 24 个，育心教育论文 1 篇，课例 2 节。

（5）2017 年 11 月在滨海新区卫生和计划生育委员会年度表彰大会上进行育心个案交流。

（6）赵红霞老师撰写的论文《流动人口子女心理问题及对策》待发表。

（7）顾学东老师撰写的育心教育论文《你为什么总写错别字》在《滨海教研》第 19 期发表。

（8）宋秀珍老师撰写的育心教育论文《用爱托起明天的太阳》发表在《天津市滨海新区优秀教师风采录》中。

（9）焦国君老师被评为滨海新区师德标兵，滨海电视台录制了她的宣传片。

### （七）研究结论

（1）课题通过近两年的研究和探索，以育心教育为主线全面展开研究工作，阐明了育心教育理念的不断深化和丰富，通过打造“德育的成人之地、智育的成功之地、体育的康乐之地”的“三地”建设，通过对全校的学生进行“学习上关心、生活上关爱、教育上关注”的“三关”培育，让全体学生可以通过育心教育在学校快乐地学习和生活。

（2）本课题的研究重点在于通过育心教育形成学校显著的办学特色，育心教育是手段和方法，学校特色是结果与收获。本课题将大部分精力放在了开展育心教育能够为师生搭建平台、发展特长、树立自信上，对学校特色的挖掘和研究不够深入，没有梳理出完整、系统的特色发展路径。这表明了我们走的路是对的，但是未来的路还很长。

（3）本课题组成员来自不同的学校，而课题实施主要在一所学校，研究对象与研究人员相脱离，导致做课题的老师身在课题之外，责任心和成就感大打折扣。但是我们探明了育心教育的正确方向，对学生的育心教育还有很多事情要做，对育心教育的内涵和理论支撑还要进一步丰富和提升。学校在实施育心教育的背景下，还需继续全面、深入挖掘学校办学特色，进一步丰富校园文化，使学校在育心办学特色中，育人效果更加鲜明，方式方法更加丰富多彩。

# 课题十四　初中教师四种常规专业能力校本培训的研究

## 一、课题组成员信息及分工情况

### （一）课题组成员信息（见表 14－1）

**表 14－1**　　**课题组成员信息**

<table>
<tr><td rowspan="2">课题主持人</td><td>姓名</td><td colspan="2">单位</td><td>性别</td><td>现任职务</td><td>出生年月</td><td>学科</td></tr>
<tr><td>张建</td><td colspan="2">天津市滨海新区<br>汉沽第三中学</td><td>男</td><td>校长</td><td>1967 年 7 月</td><td>思想政治</td></tr>
<tr><td rowspan="4">课题组主要成员</td><td>姓名</td><td>学科</td><td>学段</td><td>职务</td><td colspan="3">单位</td></tr>
<tr><td>韩长顺</td><td>历史</td><td>初中</td><td>副校长</td><td colspan="3">天津市滨海新区汉沽桃园中学</td></tr>
<tr><td>蒿锦毅</td><td>—</td><td>初中</td><td>校长</td><td colspan="3">天津市滨海新区塘沽未来学校</td></tr>
<tr><td>范金辉</td><td>体育</td><td>初中</td><td>副校长</td><td colspan="3">天津市滨海新区大港油田第二中学</td></tr>
</table>

### （二）课题组成员分工情况

张建：统筹课题研究工作；做好课题的培训工作；做好课题人力物力的调配工作；撰写课题开题报告、中期报告以及结题报告；做好课题成果的开发工作。

韩长顺：组织教师接受上级培训；做好相关资料收集；及时与上级部门联系，争取每学期请1~2名专家到校与教师交流。

蒿锦毅：做好个案分析；做好相关数据统计、分析；收集整理课题资料。

范金辉：做好个案分析；做好相关数据统计、分析；收集整理课题资料。

## 二、课题详细信息

### （一）课题由来

现阶段，基础教育新课程的实施对教师专业能力提出新的要求。根据初中学校实际情况，研究教师专业能力的关键构成、探索校本培养的方式与训练方法对提高初中教师实施新课程的能力、提升教师专业化发展将起到重要的实践指导意义。由此，我们提出了本课题并进行研究。

### （二）课题界定

本课题认为应侧重于教师四项常规专业能力提升的校本培训的研究。这四种能力为教师学习能力、教师反思能力、教师课堂把控能力（教材解读能力、与学生的交往能力、课堂组织管理能力、突发事件的处理能力、试卷编制能力）和教师研究能力。这项研究具有普适性，能从实践中的困难和问题出发，体现教科研与教育教学实际的有机结合，有助于促进教师专业化能力的提升。

### （三）研究目标

通过研究，解决学校教师专业发展存在的一些问题，探索适合一般教师专业发展的新途径。通过专门训练引导，使教师个体逐渐成长为具备专业知识、专业技能和专业态度的成熟教师，并能实现专业的可持续发展。

### （四）研究内容

（1）调查了解教师当前实际的四项常规专业能力的真实水平及存在的问题。

（2）分析制约教师四项常规专业能力形成的主要因素，提出相应的解决策略。

（3）探索培养教师四项常规专业能力提升的校本培训的有效途径。

（4）在研究的过程中，不断提高研究者的自身研究与教育能力，从而促进自身的专业发展。

### （五）研究情况

（1）在理论学习中更新教育观念。

我们采用了集体学习和分散学习相结合的方法，通过阅读教育教学类刊物，学习有关问题转化的教育教学理论，写好教育随笔，积累教育智慧等方式指导自己的教学行为。课题组看过的理论著作有《校长如何做研究》《校长领导力修炼》《校长管理智慧》等，撰写的教育随笔共 4 篇，分别是《关于“高质轻负”的原点思考》《展示课风波》《责任——不竭的动力》《小组合作学习应抓住关键四点》。通过学习，努力从理论层面上引导教师对实验课题的产生背景、科学依据、教育思想、实践价值进行全面把握，实现教育思想、教育观念的转变。

（2）编制调查问卷，进行调查研究。

课题组编制调查问卷，并选择 60 个样本进行调查，了解教师当前专业化发展的真实水平及存在的问题，并根据调查结果分析制约教师四项常规专业能力形成的主要因素。

（3）采用“走出去，请进来”的方法，构建课题交流平台。

进一步完善互惠共赢的专业能力研究制度，在滨海新区第七教育发展共同体内拓展互惠的内涵，积极主动、坦诚无私地公开自己的课堂教学与教育思想，在课题组相关学校校长的支持下，积极组织课题组教师参加各种教学观摩、学习、参观活动，也邀请其他学校教师来校参加观摩、研讨和指导活动。迄今为止，课题组组织的活动有：派陈永强、崔超、王欣到苏州参加第二届翻转课堂交流展示会；派陈清莹、杜月到成都参加首届信息技术与课堂教学深度融合培训；派姜雪梅、赵薇到重庆参加津渝鄂同课异构交流展示活动；派菅永萍到宁波参加第11届全国初中英语课堂教学优秀课展评活动；聘请天津师范大学李维教授来校指导第七教育发展共同体教学未来发展的路径，并组建涉及八个学科的核心组；聘请天津教育科学研究院柳常友教授做“课堂教学实效性研究专题讲座”；聘请天津市第四十三中学吴凯伦老师为化学老师做“复习因改变而高效”总复习专题指导。学校开展了教师基本功大赛、教学设计大赛、微课大赛、说课比赛、双优课赛等教学技能大赛及展示公开课、案例评比、讲师德教育故事等活动，为教师展示专业能力提供了广阔的舞台。

### （六）研究结论

#### 1. 理论成果

（1）我们认为制约教师四项常规专业能力形成的主要因素有读书习惯、学习兴趣、知识储备量、协作方式、写作能力、学习环境等。

（2）我们初步提出的解决策略有以下几种。

1）校长每学期推荐书目，引导教师购书、读书，写读书体会，强化感知，促进知识由外向内转化。

2）聘请专家来校对教师进行专业引领。

3）开展教学大擂台大比武活动，派教师外出学习，参加各种课堂展示活动，以活动为载体，激发教师转变教育理念，提升教学专业能力。

4）学校开展微课题研究，现有25个校级微课题正在研究之中。鼓励教师申请区、市级课题，现已成功申请国家级子课题2个，市级子课题2

个，区级重点课题 1 个，区级一般课题 3 个，聘请专家定期到校指导。

（3）姬玥颖老师撰写的论文《打造英语高效课堂》获市级创新论文大赛三等奖；杨莉老师撰写的论文《浅谈如何打造高效语文教学——在差异教学中引导学生课前行为》获市级二等奖；张健老师撰写的论文《初中体育水平四体育核心素养下课堂教学完成学习目标体系构建与评价的研究》获国家级奖。

**2. 实践成果**

（1）提高了教师的学习能力。在课堂内外，教师的学习方式得到了较大的转变，教师有了较强的信息技术运用意识和实践能力，逐渐学会了小组合作学习的操作方法，并自觉地把所学习的思维导图知识与现实中的课堂教学密切联系起来，培养学生自主构建知识逻辑，增强学生自主学习的能力。

（2）提升了教师的专业素养，优化了课堂教学。在研究实践中，教师努力将先进的教育思想内化为自己的教育教学理念，转变为自己的教育行为，升华为自己的教育教学特色。比如语文学科的“五读教学法”，数学、英语学科的小组合作学习，学生在做课堂作业时，充分发挥自己的特长，积极地走向课外、走上社会进行实践，最大限度地开发、挖掘学生的潜在创造力。在促进学生发展的同时，教师自身的素养同样得到了发展。其中菅永萍老师荣获第四届天津市外语教师教学能手。

获奖情况：展示课 10 人获奖；1 篇教学案例获奖；5 篇论文获奖；11 节微课获奖；2 人分别在第十二届和第十三届全国中小学物理青年教师自制教具展示与评比中获二等奖。

**3. 研究结论**

（1）四项常规专业能力校本培训有利于教育教学质量的提高，有利于教师教学工作的规范化和科学化，促进了教师专业发展。

（2）四项常规专业能力校本培训为普通教师向研究型教师转变提供了平台。

（3）四项常规专业能力校本培训是促进教师专业发展的重要途径，学校必须根据实际情况成立专门的培训管理机构，加强校本培训的组织、领导、协调与管理工作，保证培训时间、地点、人员与培训内容的落实，这样才能使校本培训走向规范化。

## 三、参考文献

［1］叶澜，等．教师角色与教师发展新探［M］．北京：教育科学出版社，2001.

［2］王毓珣，王颖．师德培育与生成［M］．北京：教育科学出版社，2013.

［3］褚宏启，刘传沛．校长管理智慧［M］．北京：教育科学出版社，2011.

［4］程凤春．学校管理的 50 个典型案例［M］. 2 版．上海：华东师范大学出版社，2018.

# 课题十五　借助教学模式打造实效课堂促进教师专业发展的实践研究

## 一、课题组成员信息及分工情况

### （一）课题组成员信息（见表 15－1）

表 15－1　　课题组成员信息

<table>
<tr><td rowspan="2">课题主持人</td><td>姓名</td><td colspan="2">单位</td><td>性别</td><td>现任职务</td><td>出生年月</td><td>学科</td></tr>
<tr><td>赵晓红</td><td colspan="2">天津市滨海新区塘沽北塘学校</td><td>女</td><td>教学校长</td><td>1968 年 5 月</td><td>语文</td></tr>
<tr><td rowspan="4">课题组主要成员</td><td>姓名</td><td>学科</td><td>年级</td><td>职务</td><td colspan="3">单位</td></tr>
<tr><td>江冉</td><td>物理</td><td>九年级</td><td>学科组长</td><td colspan="3">天津市滨海新区塘沽北塘学校</td></tr>
<tr><td>张明蕾</td><td>历史</td><td>七年级</td><td>教师</td><td colspan="3">天津市滨海新区塘沽北塘学校</td></tr>
<tr><td>张俊起</td><td>数学</td><td>八年级</td><td>教务主任</td><td colspan="3">天津市滨海新区塘沽北塘学校</td></tr>
</table>

### （二）课题组成员分工情况

赵晓红：负责课题的总设计，统筹课题的运作，负责全面组织与协调工作，组织相关研究活动，管理课题研究进度。

江冉：负责课题具体实施、课堂教学展示，撰写报告。

张明蕾：负责课题具体实施、课堂教学展示，撰写报告。

张俊起：负责协助组织与协调工作，收集整理相关研究资料、研究成果，撰写报告。

## 二、课题详细信息

### （一）课题由来

教学质量的提升重点在课堂，关键在教师。以往的课堂教学，教师关注的是教学内容是否讲全、讲细，学生是否还有疑惑。教师普遍认为只要讲得好就能保证教学质量，所以课上教师大量地讲，虽然也设计了一些教学活动，但大多在为教师的“讲”服务，学生的思考、练习只能放在课后。这样不仅教师教得辛苦，学生学得也很累，学校教学质量难以突破。

天津市滨海新区塘沽北塘学校地处城乡接合部，是距市区较远的一所普通九年一贯制学校。随着滨海新区的快速发展和重新定位，我校生源情况也转变为以招收外来务工人员子女为主，目前外来务工人员子女已经占到学生总数的60%以上，而且学生来自全国十几个不同省市。许多学生因为随父母流动，学习基础、学习能力参差不齐，同时，父母均为普通劳动者，知识水平有限。相当一部分学生从经济较为落后的偏远地区来到色彩缤纷的大城市，存在自卑心理，情感、态度、价值观教育不足，学生学习生活无目标、无动力。

随着学校招生政策的调整，招生人数的增加，师资结构也发生了质的变化。近几年新聘用教师超过教职工总数的一半，这些新入职教师原有的知识水平没有问题，但是缺少教学经验，作为大孩子的他们和学生一样需要引领和帮助。学校希望借助教学模式改变学生的学习习惯及学习效果，不断提高学生的综合素质，打造实效课堂，促进教师专业发展。

## （二）课题界定

教学模式反映一定的教学理论或教学思想，是一定理论指导下的教学行为规范，规定了师生在教学活动中的行为及各环节应当完成的任务。

实效课堂是学生在有限的课堂教学时间内在知识、能力、情感等方面获得的最大进步与发展。

天津市滨海新区塘沽北塘学校60%的学生为外来务工人员子女，学习基础、学习能力相差较大，加之父母几乎没有时间也没有能力教育孩子，一部分学生没有养成良好的行为习惯和学习习惯，从而导致学生厌学、弃学问题比较严重。近两年部分青年教师走上教育教学岗位，为了引领青年教师的专业成长，改变学生的学习习惯及学习效果，我们决定在我校课堂教学中实施“测、导、学、练、馈”的教学模式，以促进学生综合素质和能力的提高，促进教师的专业成长，从而提高课堂教学的实效性。

我校课堂教学模式是以认知发展理念为指导，在强调校情实际的基础上坚持以学定教、学练结合的思想，在贯彻“低起点、小步子、重落实、勤反馈”原则的过程中，以谋求促进学生健康发展为目的的一种实效课堂建构模式。该模式的最大亮点是“双检测”“堂堂练”。“双检测”中的第一个检测是在开始上课的前五分钟对之前所学内容进行检测，第二个检测是每节课“馈”环节的当堂检测，或者是每周综合性检测。“堂堂练”涵盖课堂教学的三个时段：第一个时段约 5 分钟，用于测试；第二个时段约 25 ~ 30 分钟，是新内容的教学时间；第三个时段约 10 分钟，是每节课的练习巩固时间。此模式适用于学生基础薄弱的学校的中学会考学科教学。

## （三）研究目标

### 1. 课堂教学

师生民主，氛围宽松，学生学习兴趣和积极性提高，进而提高教师教学质量。

2. 打造队伍

探索教学模式的流程，积累教学模式案例，开展教学模式课例研究，提高教师的业务水平。

3. 学生能力

提高学生的综合能力，提升学生的思维品质，形成学生的健全人格，发展学生的核心素养。

## （四）研究内容

（1）课堂教学模式的理论支撑。

（2）课堂教学模式的操作流程。

（3）课堂教学模式的师生行为。

（4）课堂教学模式的操作策略。

## （五）研究情况

1. “测、导、学、练、馈”教学模式的基本流程（见图 15－1）

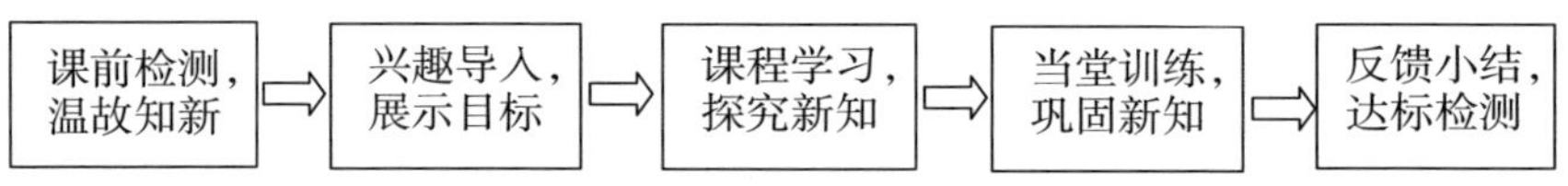


图 15－1　“测、导、学、练、馈”教学模式的基本流程

（1）课前检测，温故知新。

此环节是上好一节课的基础。教师给出测试题目，学生在反馈本上完成，一般要求 3～5 分钟，然后教师出示答案，学生互判，在教师的指导下做对的学生帮助做错的学生改正。

测试题目要注重知识之间的联系，要保证题目的基础性和实用性，为新知识的学习打好基础，题目要突出重点，要注意量小质优。

（2）兴趣导入，展示目标。

此环节是学生学习的动力，时间控制在 2 分钟左右。

教师充分理解教材内容和编者意图，利用各种教学媒体，使用各种艺术手段巧妙地铺设桥梁，激发学生兴趣，启发学生思考，唤起学生情感，导入新课。然后展示学习目标，教师解读目标，并明确本节课的重、难点，学习方法和任务。

（3）课程学习，探究新知。

此环节是新课学习的保障，主要包括三方面的内容：①教师导学（一般在8~10分钟）；②学生自学（一般在6~8分钟）；③小组互学（一般在5~6分钟）。

教师的导学包括必要的讲解和分析，尤其是知识的形成过程和概念的内涵与外延，重要的思想和方法是必须讲透的，但对于学生自己或小组合作能够理解掌握的知识，教师一定不讲。学生自学时教师给出自学文本或导学案，明确时间和要求，然后采取同桌、组内等多种合作探究的学习形式，解决自学中个人未能解决的问题。教师在巡视时，要了解学生交流讨论中对知识点理解上的偏差，必要时参与讨论，及时进行点拨，并发现学生们出现的共性问题，积累教学资料，为后期学习和复习做好准备。

（4）当堂训练，巩固新知。

此环节是学生掌握知识的重点，时间大约为10分钟。

练习要恰到好处，练在关键处，要尽量给学生充足的思考和答题时间，同时保证当堂完成练习，当堂处理练习。题目设置要关注重点，突破难点，既有量的积累又有质的提升，还要关注学生差异，既要让学习困难的学生能够完成当堂课的基本练习，还要让学有余力的同学完成一部分有梯度的练习。

（5）反馈小结，达标检测。

此环节是对本节课的效果评价，时间约为3~5分钟。

课堂小结可以由教师完成，也可以在教师的指导下师生共同完成，无论采取哪种形式，一定要让课堂小结起到画龙点睛的作用。达标检测要求师生紧密围绕学习目标，针对本节课所学内容，设计检测题，检验目标达成情况，从而评价本节课的学习效果。

“测、导、学、练、馈”五个基本环节不是孤立存在的，而是相辅相成，互相渗透，贯穿于整个课堂教学的始终。

**2. 课题研究的实施策略**

（1）打破固化思维，转变教学理念。

学校坚持“实效课堂就是最好的减负”的思想，在课程改革中既注重减轻学生过重的课业负担，又注重教师专业化提升，走内涵发展之路。学校与天津市滨海新区塘沽第十五中学、天津市北辰区普育学校先后建立了手拉手协作关系，多次开展教育教学研讨交流活动。组织教师到兄弟校听课，回来后进行学访交流，取长补短为我所用。学校还作为主场举办了滨海新区“双百助教”工程听评课活动，还组织教师每年参加全国和谐杯“我的模式我的课”高效课堂教学模式博览会。

教师通过教学理论的学习，转变固有的思维模式，通过各级各类研究课及高效教学模式校级展示等活动，变课堂、讲堂为学堂、练堂。真正以“测、导、学、练、馈”教学模式为抓手，达到减负增效、打造实效课堂的最终目标。转变教学理念后，2017 届毕业班教学成绩突出：毕业生中，4 人考入天津市滨海新区塘沽第一中学，1 人考入天津市南开中学滨海生态城学校，1 人考入天津市实验中学滨海学校，达到高中录取分数线的共计 39 人，高中上线率 37.5%，创造了学校的历史。

（2）抓实校本教研，规范教学模式。

学校成立了专门的备课室，实行备课课表化，狠抓教研组备课。每周各学科组按照规定时间进行集体备课，做到定时、定点、定人主讲，学校主要领导参与学科备课活动，从而把好提升教学质量的第一关。在校本教研过程中逐步形成“课标学习、总结反思、新课研究、探讨交流”的学校校本教研模式。在新课学习环节，主讲教师均按照“测、导、学、练、馈”教学模式进行备课，全组教师在集体备课的基础上进行个人二次备课并写成教案。学校教案本按照教学模式五环节进行设计，各学科每位教师均要使用检测本，检测批改纳入作业检查范畴，每学期末进行教案作业展评。

为了更好地引领教师有效、深入地开展校本教研，学校开展了主题教学研修活动，将学科课题研究与核心素养转化为教学研修的主题，并通过教研、课堂反思解决教师如何教、学生如何学的主要问题，进而提高学校教学质量，提升教师专业发展水平。主题教学研修将学科教师联结在一起，调动教师发展的内驱力。教师在研修的过程中，自觉加强自身学习，查找资料，研读课标，阅读书报，教师之间优势互补，互利共赢。

主题教学研修让教师的研讨、授课、交流有了共同的话题，不仅提高了教师教研、科研水平，而且促进了教师专业发展和共同成长，促进了教师自觉反思不断提升的能力。

学校主题教学研修活动入选 2017 年天津市中小学教育研究室主编的《学科与区域特色教研活动案例选编》。

（3）借助信息技术，助力课堂教学。

学校关注信息化建设，重视提升教师信息化素养，将“校本培训—教学展示—外出参赛”有机结合。每学期组织教师进行信息技术课件展评活动，并组织教师进行校本培训，经过系统的培训，老师们已经能熟练运用 PPT、电子白板等多种软件自制课件，特别是青年教师还能进行音频、视频剪辑，编排和添加字幕，特殊处理等，还能自制皮影客动画，自主开发希沃白板、Focusky、Authorware 等信息技术软件，使信息技术与教学深度融合，制作的课件已经在塘沽区域小有名气。学校中学部历史教师、思品教师先后为塘沽区域历史学科教师、思品学科教师进行区域信息技术培训。

在全国信息技术与教学融合优质课大赛中，胡毓梅老师以小组第一名的成绩荣获一等奖，江冉、王丹、刘丽园、刘俊芹老师荣获二等奖，于茜老师荣获三等奖。

胡毓梅、周玉文老师在 2017 年新媒体新技术教学应用教学课评比中分别荣获国家级二、三等奖。王丹老师荣获课例市级二等奖。

（4）加强课堂指导，监控模式实施。

在教学要求上，做到管理与评价的统一。根据学校的课堂教学模式和教学价值观，制定学校课堂教学评价表，利用评价手段引导教师的课堂教学。为了深化教学模式研究，每学期组织教师听评学校教学模式展示课活动，各学科组分别承担此项工作。全员参与，做课展示后，先由主讲教师说课自评，各教研组深入研究，评课剖析，肯定亮点，指出不足。之后做课教师写出教学反思，并与其他教师分享。此外每学期针对教师常态课教学情况，定期做好总结分析。学校还出版了《教学研究报—教学模式专刊》，以教学模式的深入研究，带动老师们规范教学。学校“测、导、学、练、馈”教学模式在《滨海教研》中发表推广。

（5）打造比赛平台，历练教师队伍。

组织教师参加全国和谐杯“我的模式我的课”高效课堂模式博览会。第三届时，各学科组选派代表参加学访，写出学访报告，结合自己课堂教学模式优劣进行了学访交流。第五届时，我们选派语数外 3 名教师参加比赛，1 位教师获得一等奖，2 位教师获得二等奖，学校“测、导、学、练、馈”教学模式入选第五届全国和谐杯“我的模式我的课”高效课堂模式博览会汇编。第六届时，我们选派 4 名教师参加比赛，1 人获得特等奖，3 人获得一等奖，学校还组织 5 位教师参加全国第六届说课标说教材大赛，5 位教师均获得金牌，学校多次荣获集体奖励。

### （六）研究结论

“测、导、学、练、馈”课堂教学模式的实施，有效地规范了我校的课堂教学环节，体现了以教师为主导、以学生为主体的新课改理念，促进了教师的教和学生的学，教师队伍逐渐走向学习化、专业化，学生的学习习惯和学习方法有了较大的提升。实施“测、导、学、练、馈”课堂模式教学的几年来，学校的教学质量逐年提高。教师们逐渐认识到，“测、导、学、练、馈”课堂教学模式是学生的课堂，也是教师的课堂，是从教走向学，从被动到主动、从灌输到探究的课堂，凸显了学生在整个教育教学活动过程中的主体地位，教师们开始有意识地关注学生学习的方法、情感和态度，把更多自主探索的机会、时间、空间留给了学生。“测、导、学、练、馈”教学模式的实施，激活了学生学习的内驱力，使学生的精神面貌和学习状态发生了根本变化。课堂教学中彰显着生命的光泽和灵动，学生自主学习、合作交流、大胆质疑、自信展示，使课堂充满了活力，他们会带着自己的问题去寻找方法、验证想法。

“测、导、学、练、馈”教学模式的实施，也锻炼了教师队伍。科研引领、课堂锤炼、交流反思、沉淀碰撞，锻造了教师驾驭课堂、转变思维、探索研究的能力，近年来老师们参加了许多市级和国家级的大赛，取得了优异的成绩，成为同行中的佼佼者和学校发展的中坚力量。

借助教学模式打造实效课堂促进教师专业发展，不仅使老师们从行动上认可，更从思想上认识到教学模式研究的价值。同时各学科组正在积极尝试学科教学模式及个人教学模式，从而实现教学模式的校本化与教师专业成长的个性化的融合发展。

“测、导、学、练、馈”教学模式的实施只是一种尝试、一种引领，我们希望抛砖引玉，使老师们常怀改革之心，不断进取，推陈出新，让我们的课堂充满生机和活力，为每一位教师的成长助力，为每一名学生的终身发展奠基。

## 三、参考文献

[1] 张新平．“自主探究 学案导学”——课堂教学模式的构建与探索[J]．新课程（中旬），2013（2）．

[2] 王晓玉．关于教学情境创设的再思考[J]．教学与管理，2011（24）．

[3] 李磊．皮亚杰认知建构理论及当代发展[EB/OL]．（2011－03－10）[2020－08－13]．http：//blog.sciencenet.cn/blog－545920－420671.html.

# 课题十六　初中语文基于“部编本”教材的“1+X”阅读拓展策略研究

## 一、课题组成员信息及分工情况

### （一）课题组成员信息（见表16－1）

表16－1　　课题组成员信息

| 课题主持人 | 姓名 | 单位 | | 性别 | 现任职务 | 出生年月 | 学科 |
|---|---|---|---|---|---|---|---|
| | 武树峰 | 天津市滨海新区大港同盛学校 | | 男 | 校长 | 1965年6月 | 语文 |
| 课题组主要成员 | 姓名 | 学科 | 年级 | 职务 | 单位 | | |
| | 张玲 | 语文 | 七年级 | 学科组长 | 天津市滨海新区大港同盛学校 | | |
| | 李昕原 | 语文 | 七年级 | 备课组长 | 天津市滨海新区大港同盛学校 | | |
| | 王春红 | 语文 | 九年级 | 备课组长 | 天津市滨海新区大港同盛学校 | | |

### （二）课题组成员分工情况

武树峰：负责课题的总设计，统筹课题的运作，负责全面组织与协调工作，组织相关研究活动，管理课题研究进度。

张玲：负责协助组织与协调工作、教材拓展梳理、撰写报告、课堂教学展示。

李昕原：负责收集整理相关研究资料、研究成果，撰写报告。

王春红：负责教材拓展梳理、课堂教学展示，撰写报告。

## 二、课题详细信息

### （一）课题由来

人教版语文教材（简称“部编本”）主编温儒敏老师指出：现在初中语文教学普遍存在“两多一少”问题，即精读精讲多，反复操练多，学生读书少。为解决这一问题，温老师鼓励学生采取“海量阅读”“连滚带爬”的阅读方法，建议教师采取“1＋X”的办法，即讲一篇课文，附加若干篇课外阅读的文章，从而形成“教读—自读—课外导读”三位一体的教学体系。“部编本”教材的设计鲜明地体现了以一篇带多篇的“1＋X”阅读拓展思路。

### （二）课题界定

就目前的研究而言，小学、初中、高中对于“1＋X”模式的研究热度逐渐升温，也已有了一定的研究成果，但关于“1＋X”模式的研究仍是随性的、零散的，对于其在学生阅读能力培养及阅读思维形成上的研究仍没有显著的成果。我校这一课题主要是初步研究“1＋X”阅读模式的课程化建设，研究有效的阅读拓展策略，建立起与“部编本”教材双线编写结构相协调的“1＋X”阅读拓展的体系，同时，进一步明确“1＋X”模式对于学生语文学习的促进作用。

### （三）研究目标

#### 1. 将阅读拓展纳入语文课程体系

阅读拓展以“部编本”教材为依托。阅读教材进课堂，改变拓展阅读以往的辅助地位，将拓展阅读由课外迁入课堂，纳入日常的课程体系，用大量的课堂时间助力阅读成果的达成。

**2. 双教材教学打造创新性的教材体系**

在“部编本”教材的基础上，创设学校特色的“1+X”阅读拓展教材，双教材共同使用，整合出一个更符合学生特点、地域特色，及更有利于培养初中学生语文综合素养的教材体系。

**3. “1+X”阅读拓展层次丰富化，策略科学化**

丰富初中语文课阅读拓展的内容，拓宽阅读拓展的形式，跨越学科之间的壁垒。课题的研究内容立足于“部编本”教材的编写理念和教学目标，在此指导下研究探索“1+X”的多种阅读策略。由课堂到生活，拓宽了学生的阅读视野。由一篇到多篇，由一本到多本，由阅读到写作，进行语文阅读拓展策略的研究，让学生在丰富阅读的同时提升阅读思维能力，从而达到提升语文综合素养的目的。

### （四）研究情况

**1. 丰富“1+X”模式的内涵**

（1）“1+X”——从一篇到多篇的文本拓展。

根据“部编本”教材进行同主题或同作者的拓展阅读，或体会同一主题文章的异同，也可拓展阅读内容或写法相近的文章。

（2）“1+X”——从一本到多本的整本拓展。

立足于“部编本”教材，以教材为依托，拓展阅读多本经典书籍，是目前我们这一课题着力最多的尝试。以六年级为例，上学期老师带着学生阅读了《安房直子幻想小说》系列、《红岩》、《鲁迅的故家》、《天蓝色的彼岸》等中外优秀作品，下学期针对“部编本”教材目录中《鲁滨孙漂流记》《汤姆·索亚历险记》等篇目的介绍指引，老师带领学生开启了探险小说的阅读之旅，除了这两本书，学生还阅读了《格列弗游记》《最有趣的旅行日志：达尔文环球游记》《镜花缘》等。七年级上学期，我们针对“部编本”教材中有多位名家的散文精选的特点，又相应推荐了《朱自清散文精选》《我与地坛》《湘行散记》等多部作品。

（3）“1＋X”——从一种到多种阅读活动的拓展。

除了传统的以教师为主讲的课堂阅读形式外，我们也开创了以学生为主体的“讲、演、诵”等课外阅读延展活动，“讲”主要指驱动阅读思维的论坛演讲类活动，“演”主要指课本剧的创编和表演，“诵”主要指朗诵和背诵。

**2. 建立“1＋X”模式的课程体系**

我们聚焦语文课堂，构建了以国家基础课程为核心，依次延展为课外阅读课程、校本课程等，构建课内走向课外，“文本”走向“书本”，能力走向视野的语文阅读课程体系的“同心圆”。

（1）国家基础课程，打造学生阅读能力的基础。

我校在国家设立的体现共同学习基础的语文课程实施中，重视构建尊重学生基础与个性的分层次教学，着力打造高效的常态阅读课。

（2）课外阅读课程，挖掘学生阅读思维的深度。

课外阅读课程主要指文本拓展和整本书阅读课程。文本拓展以“部编本”教材为依托，让阅读教材走进课堂。阅读书目分为必读和选读两部分，必读书目的确定是以教材内规定的阅读书目和课文的延展书目为主，选读书目的确定则兼顾经典阅读和时文阅读。

（3）校本课程，开阔学生阅读视野的广度。

异彩纷呈的语文校本课程把学生引到了更加广阔的阅读天地中，我校的校本课程有“汉字达人”“青春盛音”“文修阁”“古诗词赏析”“大国的崛起”和“朗读者”等 。

（4）隐性课程开发，构建家校发展的共同体。

在阅读课程建设中，我校也致力于开发促成家校合作的隐性课程，特别是乐教乐学平台的使用，班级公众号的开发，班刊、校刊的创编等。

### 3. 打造“1 + X”模式的几种经典课型

（1）三种类型的导读课程。

整本书阅读可采取导读的方式，即以引导兴趣、引导方法、引导探究的方式进行。

（2）四个阶段的阅读课程。

每个人的阅读水平都呈现出不同的阶段，我校也确定了四个阶段的四种课型：初期阶段交流课、中期阶段鉴赏课、后期阶段探究课、终期阶段活动课。

## （五）研究结论

我们对“1 + X”模式的研究，主要是在“部编本”教材的基础上，针对阅读内容、阅读形式进行的拓展研究，旨在培养学生阅读能力和阅读思维。

目前我们已进行了由一篇到多篇、由一本到多本、由课内到课外、由阅读教学到阅读活动、由学校到家庭、由阅读到写作等多种尝试，也基本建立了与“部编本”教材双线编写结构相协调的“1 + X”阅读拓展体系，特别在整本书阅读方面已经完成了几种课型的打造。

经过一段时间的实践，越来越多的语文老师意识到进行阅读拓展的必要性，阅读拓展在我校已逐级推广，更多的语文教师参与其中，我们的语文课堂渐渐打破“只教教材”的传统教学局面。在课堂语文教学之外，课外阅读教学同样不容忽视。

我们以阅读的丰富性、形式的多样性给学生创造更多的阅读机会。通过本课题研究，我们的阅读教学不再局限于课堂本身，强化了阅读内容的综合性和开放性，既有传统经典，也有当下时文，既有单篇的欣赏，也有整本书的阅读，同时跨越学科壁垒，促进学生多学科知识的增长。多数学生自主阅读的意识提高，阅读兴趣浓厚，能够较合理地安排自己的阅读活动，能主动去选择一些阅读内容。在教学中，学生阅读能力、分析和解决问题的能力也有了明显的提高。大量的阅读，让学生丰富了自身内涵，提高了自己的语文素养。

目前我们已编写完成六、七年级的校本拓展教材（试用版）。班级读书活动悦读会、畅读会、三余讲堂、肆意讲堂等日趋成熟。校刊《千朵万朵》、各班的班刊班报也在学生中引起较大反响，多位同学的征文获奖。学校读书节开展的诗词大会、话剧展演、朗读者等活动深受好评。同时我们还向家长推荐家庭教育或者适合亲子共读的书目，帮助家庭形成良好的读书氛围。我们也在进行初中语文“活动态”课外阅读特色课程的建设，2018 年 11 月 30 日，我校举办了面向全市的“活动态”阅读课程建设展示交流活动，活动分为课堂教学展示和典型经验交流两个板块，这也是我校“1 + X”阅读拓展的一次成果展示。

但是在这一课题的探索和实践中，我们也遇到了一些疑惑和困难。“1 + X”阅读模式的实施依赖于课内阅读的高效完成，以课内阅读所训练的学生能力为基础，这对于教师的专业水平有着极高的要求。在一定程度上，教师的专业水平直接决定了“1 + X”阅读模式的实施效果。学生阅读能力参差不齐，如何解决这个问题需要我们继续探索。学生阅读效果的显现不是一蹴而就的，需要一个过程，一些家长更注重考试分数，不关注学生的阅读体验和收获，这为我们评估“1 + X”模式带来了不小的难度。

## 三、参考文献

［1］何华嵘．例说“1 + X”拓展阅读教学策略［J］．课程教育研究，2018（42）．

［2］朱海珠．“1 带 N”涟漪型阅读教学与“1 + X”联读之比较［J］．江西教育，2018（29）．

［3］周丽婷．小学语文“1 + X”群文阅读教学方法探索［J］．福建教育学院学报，2018，19（2）．

［4］程永平．初中“1＋X”阅读教学研究——基于部编本语文教材［D］．天水：天水师范学院，2018.

［5］张美娜．“1＋X”主题阅读在农村初中语文教学中的探索与实践［D］．哈尔滨：哈尔滨师范大学，2017.

［6］于保东．语文核心素养视域下“1＋X”群文阅读模式探究［J］．教学与管理，2018（1）．

［7］方东流，王雁玲，黄利梅．基于语文教材群文阅读的“1＋X”教学建模——浅谈“1”的定位和“X”的功能［J］．教育科学论坛，2018（13）．

［8］刘春文．建构灵性课堂，实施“整本书阅读”——基于目标导向的“1＋X”灵性读写课程建构策略探索［J］．语文知识，2017（11）．

［9］朱再枝．导向语文核心素养的“1＋X”模式中“1”的主问题设计探究——兼谈“1＋X”阅读教学实践路径［J］．课程教学研究，2018（8）．

［10］王香平．初中语文“1＋X”发展性阅读实践［J］．决策探索（下半月），2017（5）．

［11］周一贯．阅读课堂新常态：“1＋X”［J］．语文教学通讯，2015（33）．

［12］谭培霞．“1＋X”拓展阅读的问题及策略［J］．内蒙古教育，2016（31）．

［13］吴佳苗．“1＋X”群文阅读探索与研究［J］．读与写（教育教学刊），2017，14（5）．

［14］林惠生，陈丽华．语文CCA课程：助推学生语文素养的“整”发展——兼论学校“双轨制1＋X”全纳型语文课程体系的创建［J］．现代教育科学，2015（6）．

# 课题十七　信息化背景下小组合作学习有效性的实践研究

## 一、课题组成员信息及分工情况

### （一）课题组成员信息（见表 17－1）

**表 17－1　　课题组成员信息**

<table>
<tr><td rowspan="2">课题主持人</td><td>姓名</td><td colspan="2">单位</td><td>性别</td><td>现任职务</td><td>出生年月</td><td>学科</td></tr>
<tr><td>杜秉娥</td><td colspan="2">天津市滨海新区塘沽第三中学</td><td>女</td><td>书记兼教学校长</td><td>1969 年 5 月</td><td>数学</td></tr>
<tr><td rowspan="5">课题组主要成员</td><td>姓名</td><td>学科</td><td>年级</td><td>职务</td><td colspan="3">单位</td></tr>
<tr><td>孙宏巍</td><td>数学</td><td>八年级</td><td>教务主任</td><td colspan="3">天津市滨海新区塘沽第三中学</td></tr>
<tr><td>杨红芳</td><td>物理</td><td>八年级</td><td>备课组长</td><td colspan="3">天津市滨海新区塘沽第三中学</td></tr>
<tr><td>刘洋</td><td>语文</td><td>九年级</td><td>学科组长</td><td colspan="3">天津市滨海新区塘沽第三中学</td></tr>
<tr><td>马莉</td><td>信息技术</td><td>七年级</td><td>备课组长</td><td colspan="3">天津市滨海新区塘沽第三中学</td></tr>
</table>

### （二）课题组成员分工情况

杜秉娥：课题研究策划人，负责设计课题研究方案，汇编试验成果，撰写研究报告。

孙宏巍：负责课题实施过程管理、活动组织及相关培训，子课题的研究，收集整理相关研究资料。

杨红芳：负责子课题的研究，收集整理相关研究资料。

刘洋：负责课程教学展示，为课题研究提供建议和想法，收集整理相关研究资料。

马莉：负责网络平台的搭建与资源管理。

## 二、课题详细信息

### （一）课题由来

#### 1. 信息技术在教育领域的发展

（1）国际背景。

世界各国对计算机教育的重视始于20世纪80年代。随着计算机的普及，人们开始思考、探索计算机技术对教育发展的促进作用，计算机软件辅助教学也越来越广泛。多媒体信息技术、互联网技术的迅猛发展，更是为教育领域注入了全新的活力，促使人们对信息技术促进教学的实效问题进行反思和探索，由此提出了信息技术与各门学科整合的观念，让信息技术充分为学科教学服务。

（2）国内背景。

信息技术对教育各个层面有深刻影响，信息技术是实现教育信息化和现代化的重要推力。随着信息技术的迅猛发展，层出不穷的新技术、新手段被大量应用在教育教学中，在更大范围、更深层次上推动着教育教学变革。但是，能把信息技术熟练地与专业学科相整合的师资力量欠缺，教师缺少相应的指导与实践。大多数教师缺少信息技术课程整合的专业教学研究，使用信息技术教学缺少专业性、前瞻性和创新性。

**2. 关于合作学习**

（1）国际背景。

现代意义上的合作学习兴起于20世纪70年代初的美国，而后取得突破性进展，成为一种具有世界影响力的教学理论和策略。2001年在瑞典举行的世界教育大会，把“学会合作，学会共处”作为会议的主题，并认为它是21世纪教育的基本目标。目前，国外合作学习教学模式，如小组分工、切块拼接、思考—组队—共享等教学方法已得到广泛应用，这些教学模式有很多独到的优点。然而，在各个国家中，有关合作学习的概念、内涵、研究层面等诸多内容都大不相同，适用条件很模糊，评价标准也不够规范系统。

（2）国内背景。

我国古代经典《诗经》中就产生了合作学习的思想。教育家陶行知先生曾大力倡导边学边教的“小先生制”，可谓合作学习的先行者。20世纪80年代末，国内开始系统性地研究合作学习，大规模的实验探究在一些省份开展，成果丰硕。近些年来的教育实践和研究，推动了合作学习深入发展。

在此之下，也逐渐显现出一些问题：小组合作侧重表面形式，缺乏实质有效的合作交流；提出讨论的问题不恰当，阻碍学生的思维；学生的合作参与度不均衡，缺乏互动；教师的参与、指导、调控作用发挥不够；合作学习的时间分配不合理等。诸如此类问题，对课堂教学的有效性产生了严重的不良影响。有鉴于此，我们认为有必要对此展开更加广泛细致的研究。

**3. 学校情况**

天津市滨海新区塘沽第三中学是一所拆改并学校。之前，学校面临生源质量差的办学困境，学生基础差、不会学、不爱学、学无所成，我校的中考成绩曾一度徘徊在所在地区的中下游。学优生匮乏、学困生比例较大，外来务工人员及农民工子女占学生总人数的43.4%，其流动性很强，生源比例还在不断增加，这成为课堂教学及教学成绩不稳定的重要因素。学生学习能力弱的原因有以下几个方面。首先，当下中学教学仍存在重应试、轻素质的现象，“分数至上”仍占据主位。其次，部分教师忽视对教材、教法及学情的研究，不根据实际学情，采取“满堂灌”的陈旧授课方式，学生被动学习，陷于题海战术之中，从未体会到学习的真正乐趣，加之学生意志力不强，自信心流失，导致学生主动学习能力下降，与他人学习交流机会减少，情感处在饥渴状态，出现兴趣、情感转移。再次，部分教师教育教学水平较差，教学中存在一些缺漏和问题，使得部分学生产生厌学情绪。最后，部分学生在文化课学习方面先天不足，智力开发与思维训练不够，难以集中精力，难以将新旧知识联系起来进行学习，同时在日常学习过程中又不懂得与他人合作，社交能力欠缺，缺乏学习成就感，学习能力不强。

中考学科任课教师匮乏，高中任课、初中兼课、同时还有部分教师兼任体校教学，教师处在不稳定状态，这是我校师资的基本状况。由于教师结构的复杂、三部的交叉，使得集体备课的开展条件有限，增力与内耗并存、发展与制约并在。此外，工作经验在五年之内的年轻教师占教师队伍的半壁江山，他们有热情、有精力，是我们改革的先锋力量，但缺少经验成为制约其发展的重要因素。

审视当下我们的课堂教学，教师对新课标的理解还不够，贯彻不力，主要表现在：①课堂教学中依然存在机械、重复的训练，既让学生失去了主动性和创造性，也降低了学习效率；②制订过高的教学目标，难以在规定的课时内完成教学任务，只能以增加课时量，占用学生更多的时间来弥补低效劳动；③缺乏思维方法的培养，仅靠长时间重复训练的方法使学生学会某种技能；④教师未能在教学中充分体现学生的主体地位，不仅存在照本宣科现象，而且“满堂灌”情况“涛声依旧”，教师缺少放开手脚的勇气和敢于实践的智慧；⑤课堂落实环节及学生自主学习、自由探究的时间与空间不够，生生互动环节还不被重视，导致落实不牢固、反馈不及时、分层辅导不能到位，存在学生“吃不饱”和“吃不了”的现象等。

“十二五”期间，我们进行了小组合作学习促进课堂教学有效性的实践研究。实践证明，课堂教学并非难事，结构上的改变让一切变得豁然开朗。小组合作学习方式能让学生变得更加主动和积极，在自己遇到问题时也逐渐懂得与他人合作，有效地促进了学优生的培养和学困生的转化，学校的教学质量也得到了显著提升。但由于学生的合作学习时间和地点仅仅局限于课堂之上，使得合作学习的深度和广度受到束缚。信息科技时代，课堂正在从黑板时代进入白板时代，多媒体教室的建立、数字化校园的建设，推动着课堂教学的发展，为教师教育理念的转变、教学手段的更新、系统学科知识结构的建立等方面提供了便利，也给学生主动获取知识、自觉构建知识体系提供了良好的情境和理想的条件，从而对提高教学效率大有裨益。

在以上实践探索的基础上，如何更好地将现代信息技术与课堂教学有机融合，更好地助力课堂，真正做到“以学生发展为本”，促进课堂教学有效性更大程度的提高，成为我们深入研究的问题。

### （二）课题界定

#### 1. 信息技术

信息技术的定义在不同层面有不同的表述，主要是指管理和处理各种信息资源的技术的总称。在课堂教学中主要指应用多媒体技术和网络技术，本课题的核心就是研究在初中课堂教学中如何应用多媒体技术和网络技术来增强学生学习的效果。

#### 2. 小组合作学习

小组合作学习是以若干个同质或异质的学生小组为基本组织形式，并以小组之间的合作与竞争为驱动的课堂教学形式，这种形式能够通过师生互动、生生互动及全员互动，培养学生良好的团队精神、竞争意识和民主观念，搭建以小组为单位的评价体系，师生共同达成目标，从而达到最佳学习效果。

### 3. 教学有效性

从学生角度来看，教学的有效性体现在“有效地学”。其包含三个指标：①学习效率；②学习结果；③学习体验。三者相互关联、相互制约，具有内在统一性。学习效率是前提，学习结果是关键，学习体验是灵魂。教学的有效性不在老师，学生的进步是根本。

从教师角度来看，教学有效性体现在“有效地教”。教学有效性的核心指标在于学生，是“帮助学生学的教”，既有直接的帮助，让学生掌握知识，也有间接的帮助，授之以渔，最终达到“教是为了不教”的目的。相对而言，直接促进是即见成效的“短期效应”；间接促进是着眼未来的“长期效应”，两者要兼顾。教师的教学有效性就在于能做到对学的促进，通过教使学生获得发展，同时使教师自身获得发展。

本课题旨在以信息技术为手段，通过小组合作学习达成学生的有效学习和教师的有效教学，以期提高课堂教学质量。

## （三）研究目标

（1）通过研究提高课堂教学效益，深化学校的教学改革，形成高质量的课题研究成果。

（2）通过本课题的研究，能够提高教师应用信息技术的水平；利用现代信息技术提高学生学习的参与度，有效达到教育面向全体学生的目的，激发学生学习兴趣，形成浓厚的教学氛围；有效培养学生发现并提出问题的能力、信息采集及整合的能力、创新设计及实施研究的能力以及总结概括的能力，增强学习的实效性；提高信息技术在课堂中的融入度，促进课堂教学的实效性。

## （四）研究内容

（1）利用信息技术，改变学生的认知方式，激发学生的学习兴趣的研究。

1）改变合作学习小组的构建模式。

2）改变学生的认知方式。

（2）信息技术背景下，“学案导学”在小组合作学习中的价值以及有效运用研究。

1）知识内容呈现的多元化。

2）对学生评价的多元化。

（3）信息技术背景下，教师在小组合作学习的作用研究。

1）提高教师应用信息技术的水平，更好地为教育教学服务。

2）促进和谐的师生关系有益于学生的身心发展。

### （五）研究情况

**1. 研究准备阶段（2017 年 3—4 月）**

拟定研究思路，研讨课题方案，确定课题成员，完成课题申报。

**2. 研究实施阶段（2017 年 4 月—2019 年 7 月）**

（1）在全校进行信息化与小组合作课堂教学实践研究，建立课题资料库。

（2）与各学科课堂教学结合，全面记录教学效果和教学反思。

（3）结合课题，课题组教师完成教学公开课，充分借助信息化手段和小组合作学习模式，进行课堂教学改革，总结成功的经验和方法，并收集整理相关教学资料。

（4）阶段性总结、个案分析（全学科进行）。

**3. 总结与结题阶段（2019 年 7—12 月）**

（1）梳理材料，补充完善课题资料库。

（2）全面分析总结教学记录和实际效果，提炼研究成果，撰写研究报告，向上级申报成果鉴定并结题。

### （六）研究结论

**1. 适时利用信息技术，改变学生的认知方式，激发学生的学习兴趣**

学校“121 小组合作学习方式”萌生于学生生源较差、学生学习能力较弱和师资状况不佳的实际，经过实践和探索取得了一定的成效。但合作学习小组主要根据学生学习成绩及性格差异进行划分，合作学习的时间、地点较为固定。学生限于教材资源和教师提供的信息，以讨论交流的形式解决问题，尽管学生之间的信息传递较为频繁，但学生获取信息的源头仍然是教师。信息技术的运用，使学生可以从网络中寻找信息、收集信息、整理信息，真正提高了学生的学习能力，彻底改变了学生的认知方式。

（1）引入信息技术，重构合作学习小组。

在合作学习方式实践过程中我们发现，学生中一些“电脑高手”的网络技术和计算机操控能力很强，但学习成绩不尽如人意，这些学生存在着很大的学习潜能。为此，我们将计算机应用能力加入合作小组的划分标准，让“电脑高手”带领小组成员科学使用计算机及网络查找学习资料、解决疑难问题。这不仅可以提高全体学生的信息素养，还可以促进学生自主学习的意识，提高自主学习的能力。这一举措切实符合《基础教育课程改革纲要（试行）》中明确表述的“充分发挥信息技术的优势，为学生的学习和发展提供丰富多彩的教育环境和有力的学习工具”以及《国家中长期教育改革和发展规划纲要（2010—2020年）》中所指出的“关注学生不同特点和个性差异，发展每一个学生的优势潜能”和“鼓励学生利用信息手段主动学习、自主学习，增强运用信息技术分析解决问题能力”。

（2）搭建信息技术平台，改变学生的认知方式。

在没有引进信息技术的“121小组合作学习”实践过程中，学生根据教师提出的预习要求，通过阅读教材将自认为的重点知识标注出来，将疑难问题提炼出来，进行合作交流。知识的源头为“人”（教师及组内同学）及“物”（教材），当学生不能够在教材中找到答案时便加大了对“人”的依赖。这样一来，学生的自主学习就存在一定的局限性。

信息技术的不断发展和运用使学生能更容易地获取各种学习资源，这也极大地提高了他们自主学习的可能。海量的网络资源是学生自主学习的宝库，学生可以利用网络信息技术，获取对自己的学习和自身发展有用的信息，还可以利用互联网开展讨论、交流与互助合作学习等活动，且不受时间和空间的限制。同时，学生在“取其精华、去其糟粕”的过程中能够提高自身辩证分析问题及归纳总结的能力。信息技术的应用弱化了学生对“人”的依赖，强化了学生运用学习工具自主解决问题的能力，改变了学生的认知方式。

（3）架构信息技术桥梁，重构学生的学习方式。

随着互联网技术和移动通信技术的快速发展以及智能手机的普及，信息的零距离互动沟通传播已成为日常生活常态。此时，学生光掌握课本里的知识是不够的，还应该学会应用信息技术获取更为丰富的知识和能力。所以，必须根据发展需求与课程特点，对既有学习方式进行重构。学生借助信息工具，独立发现问题，通过实验、调查、收集处理信息等活动，解决问题，获取知识，学生的学习从缺乏主动性、被动接受的传统学习方式，转变为主动探究、自主学习的方式，学习方式变得丰富且有个性。在自主、能动地获取知识的同时，学生体验到了学习的成功，培养了学习能力，学习的潜能得到了挖掘。

**2. 利用信息技术尽显“导学案”作用，改变内容呈现方式**

在以往的“121 小组合作学习”过程中，“导学案”的使用过程大致划分为：自读课本，归纳知识要点；自解例题，解后对比反思；自读辅助教材，补充不足；阅读课后习题，归纳总结，自主构建知识体系。学生面对的是白纸黑字，固定的呈现方式难免会产生视觉疲劳，而信息技术的不断完善给我们创造了良好的条件，使我们可以采用全新的方式来呈现教材和教学内容。我们将“导学案”的使用与信息技术进行融合，使其从只在课上使用变为课上课下均可使用，让学生借助信息技术解决课本、工具书里解决不了的问题，小组成员之间可以在任何地点利用信息技术手段瞬间零距离互动交流，从根本上提高学习的有效性。

（1）知识内容呈现的多元化。

学生根据“导学案”上的一个个问题进行预习，然后将重点知识标注出来，将疑难问题提炼出来，进行合作交流。学生合作交流的成果往往是最为重要的知识内容，需要学生强化记忆。而这些知识内容的呈现方式或是运用语言，或是运用黑板演示，或是运用实物投影。发挥合作学习小组成员的信息素养优势，将学生制作的课件、视频、音频等成果通过多媒体设备进行展示，充分调动学生的感官，激发学习热情和动力，提高学习质量。

综合运用多种信息技术，可以使我们的课堂教学内容以多元化的方式呈现出来。畅行无阻的线上线下学习环境，也可以在很大程度上减少学生学习活动的限制和阻碍，使学生的学习内容不仅仅局限在课堂上。校内的学习内容可以和校外的学习内容相互贯通，大大拓宽学生学习知识的深度和广度。

（2）教学信息传递方式的多元化。

以往教学信息的传递主要是以传授知识为导向的线性传递，信息技术的运用可以使教与学两要素多重结合。可以坚持“授人以渔”原则的讲授型教学，重点阐述学科思维方式和问题解决方法，同时辅以图像、视频等直观、形象的内容，以帮助学生认知学科内容，达到优化教学的目的；或可以坚持将课堂内容问题化，利用对话式教学引导学生厘清学科内容脉络，形成整体感知与理解，并将问题步步深入，引导学生多角度分析，逐步养成学思结合的良好学习习惯，形成较强的思维能力；还可以利用主题或专题引领的小组开展研讨式教学，教师以教学重、难点或疑点为中心，在“导学案”中提出某一专题，在学生围绕专题进行了独立思考和小组合作之后，利用微信群、班级博客等进行交流，这样有利于培养学生提出问题、理性思考及多角度分析问题的习惯。

（3）对学生评价的多元化。

仅根据学生的学习成绩、个性差别以及平时表现等因素进行分组的方式必将使学生进入“重成绩而轻能力”的误区。将信息技术素养列入合作学习小组的划分标准，使学生明确提高自身信息素养和提高学习能力之间的辩证关系，让师生、生生间的沟通反馈变得更平等、更有效、更多元，师生关系更和谐。在和学生沟通反馈的过程中，教师更多的是指导学生去学习，协助学生处理实际问题，使学生在反复的实践与创新中获得知识，在学习方式上实现“以学生为中心”的转变。同时，也使学生明白信息技术既是一种自发学习的工具，也是提高自学能力和学习成绩的重要手段。

**3. 利用信息技术提升教师信息素养，建立和谐师生关系**

信息化背景下的小组合作学习过程中，教师在学习合作小组的划分、“导学案”的编写、学生学习过程的引导等方面均发挥了十分重要的作用。为此，教师更加注重学生的差异性和因材施教方法的研究。信息技术对小组合作学习有效性的有力支撑，也对教师的信息素养的提高提出了挑战。

（1）提高教师的信息素养，更好地为教育教学服务。

信息技术的应用将学生的小组合作学习过程有效地延伸到课下，教师对学生的引导也要从课上延伸到课下。计算机等信息设备可以使教师了解学生在课下的合作学习的状况，以便在学生最需要的时刻给予最及时的指导。另外，学生将课下的合作学习的成果通过信息技术展示给全体学生时，教师能够正确赏析并给予客观的评价以维持学生的学习动力并明确自身不足，寻找努力方向。为了更好地为教育教学服务，提高教师的信息素养是当务之急。我校对教师进行了信息技术培训，并将信息技术的使用效果作为课堂教学评价项目，将教师的信息素养作为教师考评的重要依据。

（2）建立和谐的师生关系，有益于学生的身心发展。

信息化下的小组合作学习过程中，师生共同处在一个用信息技术搭建起来的开放平台中，面对同样的学习任务，不同的学生可以使用不同的形式和手段来协作完成，还可以及时交流和互动，整个学习过程变得更加顺畅。这样一来，师生、生生间的接触和交流的时间得到了拓展和延伸。学生与教师之间及时有效地交流与沟通增强了学生对教师的信任，增进了教师对学生的了解，使师生关系更加和谐，有益于教师因材施教，有益于学生身心健康发展。

### （七）结语

在教育信息化背景下，合作学习方式有效地激发了学生多感官参与，提高了学生主动学习的积极性，促进了课堂教学的有效性，引发了学校历史性地转型。但在实践研究中，我们也发现了一些需要进一步研究和探讨的问题。

（1）在实践探索中，我校教师在教学观念和教学策略上都有了显著提升。但从总体学科教学上看，创新意识有待进一步增强。

（2）实践研究为教师专业发展搭建了平台，教师的综合素养得到了提高。但教师和合作学习小组成员的信息素养及能力参差不齐，这也始终是课题深入实施的瓶颈。如何使每一位教师在更新教学观念、提高教学能力的同时，加强对自身信息素养的提升，仍待进一步研究。

（3）促进课堂教学有效性的措施很多，教育信息化背景下的小组合作学习，其最核心的是“学生有效地学”。学习效率、学习结果和学习体验这三个指标如何促进课堂教学的教学有效性，将是我们今后进一步研究的内容。

## 三、参考文献

［1］佚名．信息技术在国外中小学教育中的应用现状与研究的思考［EB/OL］．（2018－02－09）［2020－08－14］．https：//www.docin.com/p－2083310553.html.

［2］周薇，蒋华华．关于合作学习的研究综述［J］．湖北广播电视大学学报，2014，34（5）．

［3］王攀峰．走向生活世界的课堂教学［M］．北京：教育科学出版社，2007.

［4］黄荣怀，王晓晨，周颖，等．数字一代学生网络生活方式研

究——北京市中小学生网络生活方式的现状调查［J］. 电化教育研究，2014，35（1）.

［5］肖川，等. 造就自主发展的人［M］. 成都：四川教育出版社，2006.

［6］陈永明，等.《中小学校长专业标准》解读［M］. 北京：北京大学出版社，2011.

［7］余文森. 有效教学十讲［M］. 上海：华东师范大学出版社，2009.

［8］中华人民共和国教育部. 国家中长期教育改革和发展规划纲要（2010—2020年）［R/OL］.（2010-07-29）［2020-08-14］. http://www.moe.gov.cn/srcsite/A01/s7048/201007/t20100729_171904.html.

［9］石梅，梁润生，高阳. 研究性学习之小组合作研究［J］. 教育与职业，2006（30）.

# 课题十八 “学—示—点—练—测”课堂教学模式的行动研究

## 一、课题组成员信息及分工情况

### （一）课题组成员信息（见表 18－1）

表 18－1 课题组成员信息

<table>
<tr><td rowspan="2">课题主持人</td><td>姓名</td><td colspan="2">单位</td><td>性别</td><td>现任职务</td><td>出生年月</td><td>学科</td></tr>
<tr><td>尚建文</td><td colspan="2">天津市滨海新区塘沽宁车沽学校</td><td>男</td><td>校长</td><td>1966 年 8 月</td><td>历史</td></tr>
<tr><td rowspan="7">课题组主要成员</td><td>姓名</td><td>学科</td><td>年级</td><td>职务</td><td colspan="3">单位</td></tr>
<tr><td>张树军</td><td>地理</td><td>八年级</td><td>教务主任</td><td colspan="3">天津市滨海新区塘沽宁车沽学校</td></tr>
<tr><td>王建芬</td><td>数学</td><td>九年级</td><td>政教主任</td><td colspan="3">天津市滨海新区塘沽宁车沽学校</td></tr>
<tr><td>孙红</td><td>语文</td><td>九年级</td><td>教师</td><td colspan="3">天津市滨海新区塘沽宁车沽学校</td></tr>
<tr><td>张云霞</td><td>英语</td><td>九年级</td><td>教师</td><td colspan="3">天津市滨海新区塘沽宁车沽学校</td></tr>
<tr><td>王远利</td><td>物理</td><td>九年级</td><td>教师</td><td colspan="3">天津市滨海新区塘沽宁车沽学校</td></tr>
<tr><td>张相辉</td><td>化学</td><td>九年级</td><td>教师</td><td colspan="3">天津市滨海新区塘沽宁车沽学校</td></tr>
</table>

### （二）课题组成员分工情况

尚建文：负责课题的整体设计、全过程的指导及结题工作。

张树军：负责课题实验的执行落实、阶段性研讨活动及实验材料的整理。

王建芬、孙红、张云霞、王远利、张相辉：负责课题的实验验证。

## 二、课题详细信息

### （一）课题由来

课堂是教学的主阵地，而高效课堂则是我们每一位教育工作者追求的目标。随着基础教育课堂教学改革的不断深入，各校推出了许多高效课堂教学经验，总结出多种高效课堂教学模式。而这些高效课堂教学模式的形成都有其条件和背景，只有适合学校和学生的课堂教学模式才称得上是好的教学模式，才能达到减负高效的效果。我校为提升课堂教学水平，提高教学质量，从学校实际出发，在总结提炼原有课堂教学经验的基础上，提出了“学—示—点—练—测”课堂教学模式，并组建课题组进行实践研究。

### （二）课题界定

本课题是在总结提炼各地高效课堂教学模式的基础上，结合我校实际，遵照“先学后教，以学定教，精讲多练，当堂反馈”的课堂教学原则，提出的课堂教学模式。“学”是指教师在授课前安排学生有目的地自主学习和合作学习；“示”是指学生学完后的展示；“点”是指教师根据学生学的情况进行重点点拨和讲授；“练”是指教师根据本节课所学内容安排当堂训练；“测”是指在每节课下课前5分钟左右的时间对学生本节课知识掌握情况进行检测反馈。通过本课题的研究实验，规范学校课堂教学基本环节，规范教师课堂教学行为，提高课堂教学的实效性，逐渐培养学生自主、合作、探究的学习能力，使学生学会学习，使教师学会教书，追求一种“教学合一、以学定教、当堂落实、注重实效”的有效课堂教学模式，从而达到全面提升教学质量的目的。

### （三）研究目标

（1）构建“学—示—点—练—测”课堂教学模式。

（2）通过“学—示—点—练—测”课堂教学模式的实践，培养学生自主、合作、探究的学习能力。

（3）通过“学—示—点—练—测”课堂教学模式实验研究，提升教师教学水平，提高课堂教学效率。

### （四）研究内容

（1）构建完善的“学—示—点—练—测”课堂教学模式的研究。

（2）“学—示—点—练—测”课堂教学模式实践对提高学生自主、合作、探究能力影响的研究。

（3）“学—示—点—练—测”课堂教学模式实践对提升教师教学水平，提高课堂教学效率的研究。

### （五）研究情况

**1. 准备阶段（2017 年 9—10 月）**

（1）2017 年 9 月对学校课堂教学进行调研。对 1 个年级 2 个班学生进行了问卷调查，深入课堂，进行中考会考学科听课，对学校现有的课堂教学状况进行调查摸底，写出了课堂教学现状的调查报告。

（2）撰写课题申报材料，争取课题立项。

（3）做好开题的各项准备工作，写出了课题研究实施方案。

**2. 实施阶段（2017 年 11 月—2018 年 7 月）**

第一步：课题培训阶段（2017 年 11—12 月）。

（1）确立了实验班、实验教师。

（2）组织了开题仪式，布置课题研究实施方案，组织实验教师进行了 2 次专题培训，组织实验班学生进行了 1 次专题培训。

（3）整理设计了本课堂教学模式的配套材料，如“学—示—点—练—测”课堂教学模式解读、“学—示—点—练—测”课堂教学模式教案模板、“学—示—点—练—测”课堂教学模式学案卷模板和“学—示—点—练—测”课堂教学模式课堂评价表。

第二步：课题实验阶段（2018 年 1—7 月）。

（1）在初中中考会考学科课题组教师实施课题实验。

（2）本学期课题组开展了 1 次落实“学—示—点—练—测”课堂教学模式研讨活动，为学校中考会考学科教师每人录制了 1 节落实“五步”教学法的课例。

（3）学期课题组成员完成了 1 份“学—示—点—练—测”课堂教学模式实践心得。

（4）其间安排了 2 次课题实验听课指导和讲座。

（5）课题组成员期末根据学生实验前后 2 个学期成绩进行对比分析，每人完成了 1 份实验报告。通过实验使课堂效果得到了明显的提高，促进了学校教学质量的提升。

（6）期末课题组成员每人完成了 1 篇相关实验论文。

**3. 总结阶段（2018 年 8—12 月）**

（1）做好课题结题工作，撰写实验报告，收集研究材料，准备结题材料。

（2）编辑《宁车沽学校课堂教学改革心得集》。

（3）编辑《宁车沽学校“学—示—点—练—测”课堂教学模式论文集》。

（4）刻录《宁车沽学校“学—示—点—练—测”课堂教学模式典型课例实录集》。

### （六）研究结论

（1）通过本课题的实践研究，学校课堂教学管理得到了规范，课题组边实践、边完善，逐渐形成了一整套比较成熟的课堂教学管理材料和要求。目前，学校教师广泛使用“学—示—点—练—测”课堂教学模式解读、“学—示—点—练—测”课堂教学模式教案模板、“学—示—点—练—测”课堂教学模式学案卷模板和“学—示—点—练—测”课堂教学模式课堂评价表等相关的课堂教学管理材料，大大地规范了学校的课堂管理。

（2）通过本课题的实践研究，教师的课堂教学行为得到了进一步规范，课堂教学有章可循，教师们的课堂教学水平整体有了很大的提升，教学效率得到了提高。这一点也得到了区教研室教研员的高度认可，教研员到我校听课后，感到我校课堂发生了很大的变化，课堂教学实效性得到了明显的提升。

（3）通过本课题的实践研究，学生在课堂上的学习状态发生了很大的变化。学生更加主动，学习的主动性得到了明显提升，课堂上积极参与，思维活跃。小组合作培养了学生在学习过程中合作探究的良好习惯，学生变被动学习为主动学习，真正成了课堂的主体，这样的课堂教师“教着带劲儿”，学生“学得高兴”。

（4）通过本课题的实践研究，实验班级的教学质量得到了明显的提升。由于学校规模比较小，中学部每个年级只有一个教学班，因此，为了对比效果，只能选择初二、初三各一个教学班作为实验班，同前两届实验班做对比，通过对比来看，效果还是很明显的。

从表 18 -2 中参考率接近的三届学生的中考总平均分来看，2018 届比 2016 届成绩提高了约 100 分，这在滨海新区所有初中校中，是首屈一指的，可见教学效果的提升显而易见。

**表 18 -2　　历届实验班级情况**

| | 2016 届 | 2017 届 | 2018 届 |
|---|---|---|---|
| 参考率 | 91.4% | 97.9% | 96.77% |
| 中考平均分（分） | 276 | 345.5 | 376.02 |

虽然，本课题取得了不错的效果，但辩证地看，本课题涉及的课堂教学模式只适用于中考会考学科的授课，而对其他学科和其他课型而言还不

适合，因此说明其具有一定的局限性；学校规模比较小，无法选择平行班进行对比试验，在一定程度上说服力也不够强，这些都有待于在以后的课堂教学改革中进一步摸索验证。

但本课题研究还是规范了教师的课堂教学行为，提升了学生课堂学习的主动性，使学生合作学习和自主探究的能力得到了很好地培养，良好的学习习惯将使学生终身受益；同时通过实验前后的教学效果对比来看，我校的课堂教学改革，促进了学校教学质量的大幅度提升。因此我们坚信，学校的课堂教学改革一定要从学校的实际出发，遵循“学生主体、教师主导”的教学原则，挖掘学生的学习潜能，调动学生学习的积极性，注意培养学生良好的学习习惯，这样的课堂教学改革一定能够取得良好的效果。

## 三、参考文献

［1］中华人民共和国教育部．教育部关于印发《基础教育课程改革纲要（试行）》的通知［R/OL］．（2011－06－08）［2020－08－14］．http：//www.moe.gov.cn/srcsite/A26/jcj_kcjcgh/200106/t20010608_167343.html.

［2］中华人民共和国教育部．国家中长期教育改革和发展规划纲要（2010—2020 年）［R/OL］．（2010－07－29）［2020－08－14］．http：//www.moe.gov.cn/srcsite/A01/s7048/201007/t20100729_171904.html.

［3］李炳亭．高效课堂九大“教学范式”［M］．济南：山东文艺出版社，2010.

［4］朱永新．新教育之梦：我的教育思想［M］．北京：人民教育出版社，2004.

［5］陈玉琨，代蕊华．课程与课堂教学［M］．上海：华东师范大学出版社，2002.